相思结得恨已迟

萧红传

蒋雪芹 著

民主与建设出版社

图书在版编目（CIP）数据

相思结得恨已迟：萧红传 / 蒋雪芹著． -- 北京 ：民主与建设出版社，2014.7
　ISBN 978-7-5139-0457-5

Ⅰ．①相… Ⅱ．①蒋… Ⅲ．①萧红（1811～1942）－传记　Ⅳ．①K825.6

中国版本图书馆 CIP 数据核字（2014）第 204239 号

出　版　人：许久文
责任编辑：李保华
整体设计：汪要军
出版发行：民主与建设出版社有限责任公司
电　　话：(010) 59419778　　59417745
社　　址：北京市朝阳区曙光西里甲六号院时间国际 8 号楼北楼 306 室
邮　　编：100028
印　　刷：北京兴星伟业印刷有限公司
版　　次：2014 年 11 月第一版
开　　本：880*1230　1/32
印　　张：5.125
书　　号：978-7-5139-0457-5
定　　价：25.00 元

注：如有印、装质量问题，请与出版社联系。

序　言

北国冰封，万里雪飘，粉雕玉琢的琉璃世界，在江南烟雨的低迷中悄然登场。她没有小家碧玉的婉约，亦无百花争艳的妩媚，这个隆冬的季节，她是那画中遥远的身影，踩着崎岖，蹒跚而行，严寒中，哈着白气，仿若红尘烟火的一缕炊烟。她是月色朦胧、宛如行云流水的女子，九曲回肠、八十一道弯的曲折山路，撞击她光滑的肌肤。

人生路上，磕磕碰碰，多少春秋冬夏？心头的伤，在岁月磨砺中，一年一年钙化，终究形成僵硬的壳，封锁住自己，使得别人心痛！

一卷书，一盏茶，一个人窗前沉醉，心头映现"莲叶何田田"的嬉戏。采莲归来，转身青石巷打油纸伞的旗袍女子，聆听市井处？手执红牙板轻唱，"杨柳岸，晓风残月"一样的婉约气息，"大江东去"一样的豪迈意境。想象关乎柔情的江南，穿越时空，大雪纷飞，你是佛前的一颗红豆，天上人间，相思前世今生的你！

北方，花一样的世界，小小百草园，寻梦的王国，转瞬间，过眼云烟，消逝而去。曾几何时，严冬破灭你童真的欢乐，那是你今世的唯一啊！青梅未熟，黄叶纷飞，一个妖魔的黑夜，它将你一生的凄迷推上第一阶高潮。北风呼啸，雪花纷飞，一位晶莹剔透的女子，被命运的严寒包裹！

凄厉北风，吹打冷暖人生。跌到低谷，不服命运管辖。凄迷的女子呀，寻寻觅觅，命中的男子领你起航！蓝天白云，佛光万里，从此梧桐双栖，弹箫吹簧。女儿痴情，那一天闭目经殿香雾中，你为自己做永恒的祈福；烟火红尘，漂泊的女子摇动经筒，不为超度，只为寻求一个安定的归宿。那一年，你一步一磕头在南国的山路，不为朝拜，只为贪恋谁的温柔。那一世，冰封的女子呀，你转山转水转佛塔，不为修来生，只为解融与谁长相厮守……

"北方有佳人，遗世而独立。"你不是那倾国倾城的"李夫人"。你，是萧红，张家女孩，一个不随时光隐没的才情女子，世外仙株寂寞的化身！

徘徊窗前，萧红凄美的爱情故事，萦绕心头。短促一生，曾有三个男子给予她爱情：第一个，甜言蜜语的汪恩甲，包办婚姻，始乱终弃，弃之于旅馆而不顾，害她差点被卖入青楼；第二个，侠肝义胆的文人萧军，欣赏她才情，救其于水火，改变其命运，携其闯文坛，闯出名堂了，却又另寻新欢；第三个，是心思细腻的小男人端木，贪图她名气，一场盛大的婚宴，把自己和其紧密相连，战火纷飞时，却又自顾逃亡，抛下病中的她……

2

三十一岁，萧红撒手人寰。这位传奇女子，生命的连接如此脆弱，纵观她一生，颠沛流离，辗转奔波，尽是悲哀凄凉。那位凄凄惨惨的南宋女子，国亡家破，至少还有从前少女闲情、夫妻恩爱的好时光。比起来，张家女孩有什么呢？幼年失母，少年被逐家门，一场倾城之恋没有结局，最后在战火中孤独地死去。

　　人生奇怪而诡异，有些人和事，今天朝夕相处，转身就是天涯。尤其爱情，最是世间不可捉摸的东西，易变、易碎，比什么都寒人心。因为这，人类为爱情加了栅栏，谓之婚姻。自谓聪明的人类，怕爱情丢失，在它周围圈上篱笆。那篱笆毕竟是篱笆啊，纵是上了银圈金锁，该碎的心，还是要碎。篱笆圈不住真情，它只是痴情人的护身符，一种自我安慰、警醒负心的门棍罢了。

　　世上有一种可惜，失去了才觉得珍贵。张家女孩走了，那位乳名"荣华"的小女子，苦痛地远离人间。依依不舍，烟火红尘，如此心不甘情不愿！死的人死了，活的人开始反思。萧红的故事及其在世的一颦一笑，令她成为今人的传奇，让所有热爱她作品的读者，结得相思恨已迟！

　　"浪抛红豆结相思，结得相思恨已迟。"这句诗是出自谁手呢？

　　那个叫三郎的男子哭了。

目录

第一卷

恨潇潇 ， 无情风雨

　　少年的她，在旧世家庭的压迫下，从家里倔强地逃亡出来，却因为涉世未深，把自己弄得遍体鳞伤。

1. 梦中花园

　　人生是众鸟飞入林，苍凉过后茫茫大地，这对于一个女子是如此的戏谑和嘲弄。生当为人的征途，那位叫萧红的女子面对无数个悲情的结局、无数个花开的徘徊，苍凉成了她人生低谷无奈的悲叹和自我解嘲。她的前尘往事成了人们永远的追怀，试问，永远有多远？

　　佛家崇尚心境自然开，随性，随遇，随缘。尘世本无物，何处惹尘埃，苍凉成了萧红悲情的执念。纵然世境之后对万物自恼，大悲过后对人生静悟，复杂红尘，要一个女子空留执念后的感叹和遗憾，那该是何种人生？坦路与险滩交织而行，而这一切对于萧红却无缘。

　　人生岁月，了然于心的情怀，其实一直藏在心底；虽然有些错过，有些遗憾，毕竟岁月的长河已得到诠注和释疑。因为爱和宽容，出落得错落有致，素色年华里，有多少孤独，就有多少忧伤。火红的石榴花热情洋溢，萧红的一生跌宕起伏，流年似水，有一些记忆愈久愈痛，有一些记忆黄河东流不复回！

　　岁月如烟，往事如尘，古往今来，有几人能逃脱烟火的迷离？红尘烦恼，世俗琐碎，人心最纯净的一面被蒙蔽。如此破败的尘世，敏感女子一颗不屈的心，落在石榴花开的季节。骄阳六月，小女孩从母腹降临，欢呼雀跃，呼兰河的天真烂漫啊，那是她唯一的记忆！

那位叫荣华的小女孩初来人间，蹦蹦跳跳，伶俐可爱。在这寂寞孤单的雨季，这样一个陌生又熟悉的女子，叫我怎么提笔描述她的传奇？我一直以为她是石榴仙子降临人间，想象中，她的唇像火红的石榴花瓣；她噘起小嘴，像童话里的小姑娘，追鸡赶鸭撵狗，弄得满院子鸡飞狗跳，异常淘气。

这位令后人颇多议论的女子，在远古的荒凉里，一片孤寂。善良的人们不忍心提及，不忍心阐述她忧伤的美丽。呼兰河的记忆里，她家房子排成排，多得住不了，租给那些穷苦的人们。而后来，穷人走进她的作品，精彩地饰演主角。她是报答吗？穷人让她的童年充满故事，充满童真。穷人给予她厚重而精彩的创作源泉！

年少懵懂的季节，不懂爱情，只一味地骄傲、逞强而任性。不想成年后，这些养成的个性，要一手扯断三生前世月老拴就的情缘。当一个女子依靠他人过活，那还有什么自我可言？当羽翼丰满，自尊重现，包容也已不见，那逝去的爱还会重来吗？青春年少，有太多的不懂；青春远去，萧红才明白，每个人心中都有一片孤寂的岛屿，即便最亲密的人，也无法抵达其间。

美好的童年，之所以可爱是因为单纯。如果人生没有爱情多好，那样就不会痛心，就不懂什么叫寂寞了。一辈子不

沾染男人，从出生到离世，毫无纸墨的渲染，可以清白一世。如果没有爱情，那位叫萧红的女子，也不会苍凉地早逝。如果没有爱情，这个女子会少了许多坎坷与磨难。但是没有爱情，她会有后来文学上的成就吗？鱼和熊掌不可兼得，爱情也许是她命定的劫！

在爱中长大的女子，爱是羽衣，爱是长矛。萧红幼年感受爷爷的温暖，感受到了爷爷的宠惯。一九二九年，她失去爷爷的保护，从此陷于荆棘丛中，步步艰难。天下明朗，人性乐观，注重自身尊严的张乃莹，心头矛盾重重。与众不同的是，无论萧红处于怎样的处境，对待丑恶，都比较勇敢。她看前途比较光明，她看事物比较冷静，她看死亡比较泰然，是真的吗？这个女子留给后人太多的焦虑和感叹！

童年宅所里废弃的果园，曾是一个女子的梦中花园。园里盛载童年欢乐，那是她一生最惬意的时光。在那里，这个女子可以随意恶作剧，随意大喊大叫，随意打滚嬉闹，就像笼子里的画眉鸟儿，活蹦欢跳，千啭百鸣。这是萧红童年的乐园，也是她一生独有的天地，随心所欲，像长疯的秧苗，肆意发展。

有些歌不忍听，因歌词暗合前情；有些话不想说，因片语勾起旧事。阅历，并非滔滔不绝，而是话在嘴边，终于沉默。这所小小的百草园，陪伴萧红度过美好童年。呼兰河的记忆里，童年其实枯燥乏味，如此单调的场景，她却妙笔生花让它们焕然生趣。此时，历经沧海桑田的女子，尝尽人间凄凉，因为懂得，所以慈悲。

每个人都会经历童年，每个人的童年都不同。萧红的童年让人无语，笑时无心，哭时无泪，痛时不受伤。走过一段路，回过头来看童年的风景，早已刻骨铭心。那一刻，这位女子思念故乡，挥毫泼墨《呼兰河传》。那一刻，这位女子和爱人相濡以沫，以为今生会执子之手，与子偕老。那一刻，这位女子只念君心似她心，归隐他乡，以为白首不相离。

有人说，萧红是一位傻女子，在感情世界的把握上，与同时代的才女相比，她没有谢婉莹的睿智，没有张爱玲的风情万种，没有石评梅的果敢，更没有林徽因的绝顶聪明和陆小曼的风姿绰约。她心性单纯，不管经历多少次恋爱，在这方面都是个孩子，成长不了。这与她童年的经历有关。

人有时，不得不相信命运。从张乃莹的童年经历、倔强性格和她起萧红这个笔名，就可以想到命运之神对她的馈送。呼兰河的传说里，那位顶着草帽，草帽上插着玫瑰花的小女孩，踩着花园梯子爬高上低，颇像一个粗鲁的小男人；呼兰河的记忆里，那位顶着缸，从后花园跑到祖母灵堂被父亲踢一脚的小女孩，充满幼稚的童真。无忧无虑的童年，谁会想到此女子成年后的红颜薄命？

年少的萧红，不知愁忧，抗婚、离家、求学、状告汪恩甲的哥哥；年少的萧红，太过倔强，怀着汪恩甲的孩子和

萧军同居，怀着萧军的孩子接受端木。萧红的笔名，有"小小红军"之意。可是她和萧军从"执子之手"到"与子分手"的悲剧，让人自然联想到"萧红"这两个字有"秋天的萧条，薄命的红颜"之意。

有一些事，总在经历过后才会懂得。有一些人，尽管万般无奈千般不舍，尽管肝肠寸断泪飞如雨，尽管知道一旦放手彼此就会湮灭于茫茫人海，但仍然要不肯回头地决绝而去。萧红就是这样，若干年后，爱过了，才懂得珍惜；痛过了，才懂得保护自己；傻过了，才懂得适时地坚持与放弃。可她懂得了这些，却已没有机会。

萧红的童年苦乐参半，百草园并没让她快乐多久，八岁丧母的她，自幼缺少母爱。缺失母爱的孩子，尤其女孩儿，注定人生不会顺利。也许上苍早已安排，《石头记》中那位葬花女子应是她的前世，共拥一颗善感才情灵慧的心，相似的个性导致了她的早逝。

萧红的母亲去世仅四个月，她的父亲张廷举就续娶了。萧红想不通，母亲为父亲生了四个孩子，而这位叫张廷举的男人，居然只为母亲守了四个月鳏。从此，萧红对"男人"这个词不寒而栗。这从她后来的作品《生死场》中能看出来，那些描述女人生育的机械场景，那些描述男人泄欲的丑陋场面，一幕一幕穿透人心！

萧红的童年不如葬花女子，人家没了母亲，有父亲疼，父亲没了，有外祖母疼，短促的一生，锦衣玉食，已足够。而她不行，得不到父母之爱，只有祖父疼。祖父没了，她便被驱逐出家门。也许这些经历可让萧红减少幻想，多些成熟。也许她已明白，有人疼惜，才有资格骄矜；没有人疼惜，虽欠矜贵，但须坚强争气。

2. 生身无情

尘世间，有一种父母不叫父母，叫造物主；尘世间，有一种孩子，不叫孩子，叫布娃娃。布娃娃乖巧听话，造物主可以随心所欲地摆弄它。造物主有随意摆弄的霸性，布娃娃却没有乖巧听话的共性。萧红从出生就不是个听话的布娃娃。

春去秋来，这位性格叛逆的女子，在被造物主无心设计的那一刻，就注定今世，抑郁一生，寂寞一生，遭尽白眼不被理解。当人生走到尽头，上苍收回使命，她的造物主，终于感到了深秋的萧瑟、落红的阵痛。而这一切，长眠地下的女子，无从得知。

萧红的一生，是被平庸人厌弃的一生，是饱尝屈辱的一生，是上苍赋予她使命和命运抗争的一生！充满理想主义

不甘平庸的女子，炎凉世间，烟火红尘。曾看过一篇评价萧红的文章，文中赞叹她的文学天赋，把其喻作莎士比亚的妹妹。造物主说，这种缺陷性格，是造成她悲剧的根源。这很正常，被祖父溺爱养成毫无束缚的自由主义的个性。萧红不是善解人意的布娃娃，她的天赋、潜力、艺术细胞，驱使她逆抗父母，不向长辈低头。她具有新时代女性的特征，她拥有自尊，渴望自由。造物主却把布娃娃狠心撕碎抛到大街上，任凭恶人用脚践踏，萧红既是造物主设计的布娃娃。当人生走到尽头，上苍收回使命，而萧红终于感到了深秋的萧瑟、落红的阵痛。

　　流浪街头，一贫如洗，花季女子的心，如呼兰城墙上顽固不化的冰凌！成长的日子里，父亲只为世俗的面子和名誉而活，何曾给过亲生女儿真正的关爱和包容？人生有一种情由，当一个人身陷绝境，会想到温馨的人和温馨的场面，遂使黑暗的眼前生起光明和希望。唱花鼓的街头老人，让流浪女孩想到慈祥的祖父。祖父曾经给她讲过无数的故事，那花鼓唱词就是其中之一：

　　从前，一位美丽的贵妃生了小孩儿，三宫六院七十二妃，所有的娘娘都去道贺。皇后是最后去的，只在贵妃寝宫坐了一会儿，就以"害死小公主的罪名"被皇帝处死了。贵妃为陷害皇后，亲手掐死了自己的孩子。皇帝不知真相，加封贵妃为新皇后。都说虎毒不食子，这种虎毒食子的事，谁会相信呢？

尘世万象，花季女子懵懂无知，世态炎凉，已经饱尝。无法改变的人类成长规律，千愁万恨，一种无奈与落寞，谁能领会？越长大越孤独，萧红年少痴狂，以为社会能追随自己的梦想，却不想磕得头破血流，还得她来适应社会。这个可怜的少女在岁月里，不得不学会成熟淡然，学会隐藏疼痛，将那份纯真留给时光浅唱。

萧红是家中长女，如果说，母亲去世是她一生的痛，那么四个月后，她还未从失母的悲痛中解脱，父亲就计划新娶，则是她一生的结。隆冬腊月，冷风抽面，行人口里哈出的白气，仿佛是过路的神仙，曲曲袅袅。那一天，并不冷，早晨八九点的太阳普照大地，人间明媚，冬阳灿烂，却无法温暖一个小小女孩的心。

小女孩藏在旮旯里，盯住自家的大门口，心里充满着仇视和敌意。鞭炮阵阵，唢呐声声，在欢快的奏乐中，年幼的萧红就这样看着一顶花轿载着一位陌生女人，被抬进门槛。这是她家的门槛，陌生女人将要占据她母亲的房间，成为她的继母。

让人疲惫的往往不是道路遥远，而是心中的郁闷；使人颓废的往往不是前途坎坷，而是爱的丧失；使人痛苦的往往不是生活不幸，而是活的迷茫；使人绝望的往往不是挫折打击，而是心灵的死亡。眼前一切，让萧红做不到将事

情看淡，把心胸放宽。

　　萧红的父亲张廷举，是黑龙江师范学堂的高才生。这位长期担任官职脑子满是职业病的男人，天天孔孟之道地教育别人清心寡欲，自己却耐不了寂寞，守不了空房。如果说张廷举受封建遗毒影响对亲生女儿冷漠无情，那么萧红的祖父张维祯倒是一位慈祥和善的老人。

　　萧红的远祖于乾隆年间从山东省东昌府逃亡到东北，到张维祯这一代从阿城县迁到呼兰，转瞬间，百十年一晃而过。时光如白驹过隙，饱读诗书的张维祯，看透世情，在他的生命里，尘世万物，唯有童真值得珍惜。在他眼里，小孙女空灵可爱，是上帝所赐的宝贝。张维祯是萧红的祖父，也是她文学的启蒙者，更是苍茫世间唯一让她感到尘世温暖的亲人！

　　萧红最孤独的，不是缺少知己，而是在心途中迷失了自己，找不到通往梦想的路；萧红最痛苦的，不是肉体的饥寒，而是无人懂她灵魂深处的宁静空间。一个女子的艺术天分，不被世俗接纳。那些岁月深深浅浅的痕迹，那些无法定格的记忆，又要后来的她如何取舍？

　　呼兰位于北方的哈尔滨，冰雪世界，孕育出萧红这样的才女，却又以严寒冻伤了她。一个人的肉体受伤不怕，怕的是心灵缺残。萧红受"五四"新文化影响，是位有独立思想的新式女子。可毕竟是女子，那样孤立无援的境地，她如何禁得住摧残？可她坚持住了，虽然身心俱疲，却是非常勇敢。

年少父爱的缺失，给萧红的人生带来了严重影响。自从父亲将她赶出家门，短促一生，她像一只受冻的画眉鸟儿，飞来飞去，渴望能寻到栖身的房檐。先是汪恩甲，后是萧军，再是端木，最终，她还是没能如愿，一个人在心的寒冷中孤独地死去。如果没有如果，时间是否会为萧红停留？曾经看过的夕阳，听过的潮落，都被时间湮没幻化成泡沫。时间的沙漏沉淀着无法逃离的过往，记忆的双手总是拾起那些黯然的痛伤。一位女子和生命中的男子在各自的人生轨道上行走，一直未曾停留，不经意间在某个路口相遇，于是轻轻问候，淡淡寒暄，然后挥手说再见。

独坐窗前，掩卷闷思，天地之大，上苍对萧红何等的不公！同时代的女作家，比较起来，萧红的家也不算穷苦人家。如果她在幼年，能像谢婉莹拥有慈爱的双亲，能像张爱玲得到母亲的支持，能像石评梅在幸福中徜徉，能像林徽因、陆小曼在父母的呵护下成长，那她的人生绝对不会如此凄凉。得不到父母爱的孩子，走到哪儿，都是孤儿。没有父母爱的孩子，无论人生多么辉煌，心中都有逐不去的孤独悲伤。

是谁曾说过，有爱就不会受伤害；是谁说过，有爱就不会分开。有谁知道，那位叫萧红的女子听到这话会多么心痛！她需要爱的温暖，可惜生命终结的那一刻，她都没能

够拥有。萧红知道，今生所有的幸福，都已被父亲当初的冷漠埋葬了，彻底地埋葬了！

一些人来了，一些人又去了。生活就是这样，年复一年，来来往往。四季流转，最后又有谁，陪伴在身旁？每个人步入社会，总是一波一波的失去，代替了所得。而萧红更悲，她以爱情做跳板，最终被爱情埋葬。十指相握给自己取暖，只能维持一瞬间。是谁说，懂得放开，心胸便会坦然。而萧红这个女子凄然地笑，她懂得放开，成全了别人，又能如何？

生命的河流中，时光越老，人心越淡。曾经说好生死与共的人，到最后总也逃不脱分道扬镳、老死不相往来的宿命。岁月匆匆，不经意地涂抹着我们的容颜、青春和幸福的生活。萧红做不到心如死水，忘记曾经被洗劫一空的羞辱与狼狈，临死的那一刻，她还怀念与萧军花好月圆的时光。谁陪你走过一段路，合唱过一首歌，谁让你欢笑过，流泪过，感伤过？那醉求人生的万事如意、心想事成，到最后终落得一场空！

呼兰河的记忆里，那清丽、飞扬、细腻的文字，显示出萧红温柔的女儿心。我想象不出，这样一位追随时光的空灵女子，在专制家庭的暴虐下，被残害的心灵，会怎样地扭曲？据说张廷举参加过维新，在教育战线上长期任职，在当地是开明人士，可在家庭和睦上，对后妻生的儿女和蔼可亲，对前妻生的儿女粗暴无情，这不是很可悲吗？

落后是观念落后，贫穷是脑袋贫穷。张廷举作为进步人绩优秀，国语作文尤为突出，是老师同学眼中的佼佼者。生命中的事物，有时让人匪夷所思。当时，萧红作为十三岁的少女，朝气蓬勃、阳光自信，每天行走在上学路上，那份骄傲的青春情怀，那份"小荷才露尖尖角"的高贵清丽，令多少人赞叹！她是否想到，几年后会落到饥寒交迫，形如行尸走肉的地步？

很奇怪，贾宝玉和萧红分别被祖母祖父溺爱，一个不爱读书，一个酷爱读书；一个性情阴柔，一个性情阳刚。难道贾宝玉女性化，是在女儿堆里待得久长，深受祖母影响？难道萧红男性化，是童年和祖父朝夕相处，被潜移默化了？

握卷在手，突发奇想，如果萧红的幼年，引领她成长的是位女性，那她骨子里是否多些温顺？遗憾的是，世上没有"如果"，一个胚胎落成了就是一个人，顺着这设定的生命轨迹一直走下去，直到人生尽头。就像一位运动员进入起跑线，除了跌倒爬不起来，绝对没有倒退的可能。

张家有女初长成，十四岁的萧红出落得亭亭玉立，她热情奔放，校刊上发表的小诗，让萧红的青春漫溢芳香，入骨浸髓。在机遇面前，一个人拥有才华，犹如放光的金子，闪烁着四周，夺目耀眼，哪里能遮得住？

这一年因为上海的"五卅"惨案，全国大小城市掀起反帝爱国热潮，呼兰县也是如此。张家女孩义无反顾，上街游行示威，声援工人学生的爱国斗争。呼兰河的记忆里，

呼兰小城如此僻塞，新文化、新思想进不去，那里的女子穿长袍褂子、蒙头布，每天把自己裹得像只蜗牛，哪里敢有出门的勇气？第一次参加运动，小女孩居然没有怯惧，斗志从何而来？这该是上天赋予她的怎样奇异！

其实，萧红参加游行示威的时间，确切地说，应该是一九二八年。当时，张作霖被日本关东军炸死，日本为了控制东北，逼迫张学良签订《满蒙新五路》条约，激起全国反日高潮，尤其东北——十一月九日哈尔滨大中小学校罢课，学生上街游行示威。萧红那年，正在哈尔滨市东省特别区区立第一女子中学读书。锦瑟华年谁与度？十七岁花季，人生最美好的时光，因这位勇敢的女孩，在一场反日运动中，获得了生命最高意义的嘉奖！

一座城的威仪，不在乎外观；一个人的纯粹，不在乎容颜。萧红个性的那种"烈"，是形容不出来的，她在漫无边际的原野上策马狂奔，她在蒙古的大草原上恣肆高歌，她在古楼兰的沙丘堆上做穿越时空的梦想，她在戈壁滩的大沙漠上寻找三千年的胡杨林。她喜欢幻想、冒险，喜欢自由自在，无拘无束，不喜欢墨守成规，一成不变。多年后，她写《商市街》那种驾白云遨游蓝天的畅想，正是这种心态的写照！

冰城这个美丽的地方，晶莹、清新、端庄，如早晨初冒的太阳，如露珠滚过的新荷，如河边浣衣的少女。不食人间烟火的冰城，在生活的严酷面前，丢弃脱俗的面纱，变得世故无情。呼兰是座小城，哈尔滨是座大城，芝麻粒儿的小事，也可以引起哄动，更何况大事？张乃莹上街游行的事，传到张家，立时草木皆兵。张廷举向来不喜这个脾气怪异的女儿，现在这事的发生，让他深深的骇然！

张廷举对女儿痛下狠手，一夜之间，全城皆知。"那个叫张乃莹的女孩儿，被她父亲暴打了，她是那么冰雪聪明！"人们说，"一个女孩儿，冒天下之不韪，抛头露面做这种事，有失体统啊！"张乃莹被解除禁闭出来后，听到外面人的这种闲言，她抬头挺胸，越发像一只骄傲的孔雀！

矛盾，是由点滴凝聚而成的。小女孩如此个性，一直以来，做继母的心里反感，面上却赔着笑脸。张乃莹的继母梁亚兰会做人，前房的孩子不顺眼，她不当面说，而是背后撺掇丈夫出面教训。张廷举打前妻的儿女，从来不留情，好像不这样，他在后妻面前就丧失尊严似的。

张廷举和前妻姜玉兰共生四个孩子，只活了两个，就是张乃莹和其弟张秀珂。弟弟年龄小，不敢反抗，姐姐却不怕。挨了打的张家大小姐，把自己辫子剪了，长袍脱了，换上打领结的男孩装，大摇大摆地走上街去。女儿如此，父亲自然要管教。因为一次次的挨打，张乃莹离家出逃，终致后来的恶果。

萧红自尊心强，从小任性、倔强，被父亲打了，走投无

路去求汪恩甲；被汪骗了，肝肠寸断扑到萧军怀中；被萧伤了，心灰意冷地嫁给端木……她就是这样，像个孩子，像只鸟，到处寻觅能够给她温暖的港湾、安稳的巢穴。可是，她终究没找到，像迷路的大雁，孤零零地病死在荒野里。

莎士比亚说，女人的名字是弱者。萧红的作品大气磅礴、有男子气概，是二十世纪三十年代左翼文学进步作家的主力军。可她在个人情感生活上，却敏感脆弱，是多愁善感的小女人心态。她表面上坚强独立，骨子里却有依附男人的求安思想。她最后对婚姻的选择，是由于长期饱受凌辱，遭人白眼，过怕了贫寒凄凉的日子，想提高一下生活质量，给自己寻一个温馨的归宿，这难道有错吗？

渴望温情，渴望家，这是女性都向往的。萧红是女性，女性温柔体贴的一面让她重视这些，这并没有错。错的是，她是作家。作家的社会责任和小女人狭隘的个人心理愿望相冲突，才是导致她悲剧的真正原因。上街游行示威，是少女时代的萧红追求进步参与社会活动的起始，也是她个人生活不安定的诱因。

年华似水，岁月如冰，在遥远的国度，想起萧红。这位冰城女子，飘雪的季节，忘不了她那一世青梅的梦想。曾经美好的向往，被日子、年轮无情地践踏！庭院深深深几许，一颗相思的红豆，无人安慰，她这刻骨铭心的痛楚啊！多少痴情，存留心底；多少爱恋，难以舍弃。尘世罪孽，都已缘结；烟火情债，都已抵销。满目浮华，红楼未了！

一个人开始不信宿命，日子久了，春去秋来、花开花谢的那些因果，不知觉地被感染，从此就变得相信命定。萧红作为女子，这一世在个人情感上，想要的没出现，不想要的都来了。生活的现实，冷酷至极，何曾有让她喘息挑选的机会？

4. 谁定姻缘

萧军说，萧红心高，像风筝，总在天空飞。

萧军把萧红比作风筝，这个形象恰当不过。萧红就像一只漂泊的风筝，在她流浪的一生中，几个男人试图做放风筝的人。第一个是陆振舜，他爱慕她，却不敢抓那根线，只能远远地观望，长吁短叹；第二个是汪恩甲，他抓是抓到了，却不放飞，肆意地揉弄，然后弃之；第三个是萧军，他呵护那只被踩在地上的风筝，小心翼翼地放飞，可没坚持住时间的长跑，最终还是让手上的线脱去；第四个是端木，他牵住了线头，却心不在焉，致使风筝撞到障碍物上。新伤旧痕，终于使它支离破碎，飞扬的纸片儿如一缕冤魂，散失天涯，无家可归！

风筝毁了，萧红死了，从此，这个世界只留下一些思念的人。人们说，那几个男人，萧红最看重的是萧军，因为他救她于水火，最艰难的时候，给她希望与力量。其实，天地之大，萧红岂止看重萧军？其他几位男人，她付出的同样是真心。只是人生一场梦，在转身回眸的一刹那，才发觉一切如此不值！

人生是服毒的过程，在毒物浸满脑髓的时候，人才能长大。也许，萧红临终前，脑中曾有几个男人的轮廓，远远近近，模糊而清晰。那是记忆的残留，那是烟花的璀璨，带着一抹苍凉，遥远的夜空，留给人一声叹息！陆振舜是萧红的初恋，在她多劫的命运中，关于他的一切，都成了苦涩；汪恩甲，这个捉弄别人命运、始乱终弃的男人，应该是萧红心尖上的虱子，那是永远抹不去的羞辱；萧军是萧红身心完全交付的男人，六年患难与共，却抵不过一次出轨的伤害，记忆里的音容，从此全是悲伤；端木给了萧红名分，却不尽丈夫的责任，孤独地抛她于荒野，成为萧红一生的痛恨！

不知道是老天的捉弄，还是上苍的怜悯在萧红临终前的四十四天里，命运把她交付给丈夫之外的人。那是一位叫骆宾基的男人，在萧红最后的日子里，他给予她即将归天的灵魂以安抚！假若萧红挺过来，她的下半生是否会和这个男人签订三千年长相厮守的合约？这边树叶绿了／那边清溪唱着／姑娘啊／春天到了。假若萧红还活着，她是否不知该怎样评价这个男子，据说他吸食鸦片，是个不折不扣的烟鬼子！父亲逼她嫁，就因为和他家是世交，引诱人的门当户对！伤心的张乃莹，感到压抑，感到恐惧，感到委屈，感到沉重！她想逃出去，她讨厌这样的空间气氛，如一摊死水，没有活力。鱼儿缺水，会死去；人没了新鲜空气，还能活多久？

春水浸泡，秋风吹拂，洗去铅华的冰城女子，在那个故事里，清绝明净。从春天到秋天，张乃莹在福昌号屯待了整整七个月。伯父们多收租子、压榨佃户的情景，天天出现，她看不惯，被二伯追着暴打。这位小女孩受不了，在张家一位小婶和姑姑的帮助下，坐上一辆大白菜车，终于逃离了这里。可是等待她的下一步命运，又将会怎样？

一个人若始终以忍耐、包容、谦虚、任劳任怨的态度，来对待眼前的境遇，那么，人生之路，一定会多些顺畅。萧红的一生，坎坷无常，悲剧重重，这和她对待境遇所持的立场态度不无关系。少女时，她恃才傲物，反对家庭包办，在自己没有能力的情况下逃婚抗争，失败是必然的！被父亲驱逐出去，走投无路，一颗少女爱幻想的心，想以和汪恩甲的同居来换取读书的机会，是多么幼稚天真！

千古实证，肉体的交换十分不靠谱。《莺莺传》中，张君瑞打着爱情的幌子，哄得了崔莺莺的千金之躯，金榜题名后，视她不值一文！这就是男人的冷酷之处！

　　汪恩甲的失踪，把张家女孩残存的一点骄傲自尊打击得体无完肤，才使得她和萧军相处时噤若寒蝉，小心翼翼。此刻的她，怀着内疚、歉意，以最大的耐心来包容眼前这个粗枝大叶的男子。六年的相濡以沫、患难与共，落得了被萧军背叛的下场，这一切，仅仅是生活安逸、饱暖思淫造成的吗？此时，文学事业顺遂、自尊自信重新膨胀起来的萧红，她的挑剔与抱怨是否负有一定的责任？

　　这样说，对女性似乎不公平，萧红是女性，她身上有女子敏感细腻的共性。男女平等？男女平等，为什么女子就该一味地迁就男子？女性是弱者，需要男子保护，却往往得用色相来换取，这对人类爱心是多么大的讽刺！一次一次被伤害，这位冰城孤女的心，会真正在乎谁？生命中的几位男子，恐怕她自己都没觉察，她为了实现心中的愿望，一直在利用他们。其中自私的陆振舜、汪恩甲、端木让她失望，只有萧军和骆宾基这两位傻瓜中套了。当然，萧红的心是善良的，在生命不多的日子里，她以遗嘱的形式，来向人们表明她那一颗爱憎分明的心！

　　女性的心理缺陷，就是爱幻想。她们不知道，世上的完美爱情，那种让人眼红的长相厮守，都是以牺牲自我来换取的。萧红这位可怜的、纯粹的、奇异的女子，她的精神离不开爱情，她的肉体无缘于爱情，她渴望平凡的爱情，却做不了平凡的女子！这位北国的冰城女子，到解冻融冰

的那一刻都不肯放弃心中的完美，到香消玉殒的那一刻都
在演绎着那份命定莲开的姻缘！

5. 被逐家门

岁月穿梭，时光消逝，诗人的浪漫，在压抑的国度，不
堪回首！汨罗江的水，世世代代泛着混浊的泡沫，那是一
个人的灵魂在和权贵佞臣争斗，香草美人，一首首《离骚》
谱写了一颗不屈的心！战国楚国，遭陷害的屈原，被楚怀王
远远地放逐，五月五日投江而去。为一份过往的纪念，这
一天，人们往汨罗江投粽子，为了不让鱼类抢吃诗人的尸体！

冥冥中，上苍早有指示，屈原去世的千年，一位端午出
生的女子，她的降生，如玛丽莲·梦露，为世间增添无限
的风情！那瑰丽的双子座，命定地万人瞩目！神奇的传说
里，文采精华的端午女神，仿佛前世灵河岸边多愁的仙株，
寸寸缕缕，世间万象，一颗冷暖慈悲心！

这是一位叫萧红的女子，七十年前，她抗拒封建家长专
制，反对男权社会，反对家庭包办婚姻，为自由和爱逃离
家门，她的肉身被放逐，再也没回还。漂泊在外的她，披
荆斩棘，以扎实的文字功底，闯入文坛，却因文学观的不同，

被文坛的领袖们批评，导致精神上的放逐、流浪！被放逐的身心无处搁置，从此漂泊一生，寂寞一生，抑郁一生，人世冷暖一生，叛逆的人生走到尽头，却又忽然发现自己败给了父亲，败给了男权社会，败给了现实！

七十年前的一天，哈尔滨大街上，一位面色苍白的女子，徘徊着，似乎扎西拉姆·多多的诗，能够给她身心安慰——你见或者不见我／我就在那里／不悲不喜／你爱或者不爱我／爱就在那里／不增不减——这位从福昌号屯跑出来的小女子，被父亲强制开除了祖籍，天地之大，寻不到能收留她的亲戚。可怜的女孩，饥肠辘辘，身无分文，流浪街头，如一片风中的落叶，红尘世间，居无定所，半生没过，炎凉尽尝。

有人说爱情如掌心的沙，攥得紧了，漏了；攥得松了，跑了；不紧不松，最合适，却又很难把握。张乃莹除了表哥陆振舜，还从没真正地爱过一个男子。可是初恋竟是那样的朦胧无望、尴尬羞惭，陆家实行经济制裁，陆振舜屈服，木石缘已碎，从此两相忘，可她仍然没打消读书的梦。为了这个愿望，无根的女子，意欲破釜沉舟，拿自己的青春赌一把，哪怕跌落红尘地狱，粉身碎骨，也在所不惜！

倔强的女子拥有一颗天真的心，汪恩甲，这个和她曾有婚约的男子，是否还做着"金玉良缘"的复合梦？少女的心思如西湖水，波光潋滟，清澈明净。却不知道，天下没有免费的午餐，侠肝义胆，英雄救美，红尘世间，不是哪个男子都能拥有的品质。这个世界除了爱心善良，还有丑陋罪恶，并不全是美好，明朗干净毕竟属于少数，过度地美化，只能蒙昧那些幼稚的心！

一个人走投无路，不会在乎上天入地。与汪恩甲的见面，让张家女孩刚出虎口又入狼穴。每每思及，我总是不能原谅这个自以为是的小女子，什么破梦想，让你居然以身体换取？你爱汪恩甲吗？不爱，就远远避开，何苦要糟践自己？秦淮河的陪宿女，还能换点脂粉钱呢，你得到了什么？

这位张家女孩，出于对初恋的无望，也许真的想和汪恩甲金玉良缘，只是她"我行我素"太自信了。同居的爱情，充满危机，走进婚姻的城堡，欲要翻越千山万岭。张家女子做着幼稚的梦，以为风雨之后是彩虹，却不想风雨之后，还有更恶劣的天气。一生一世深陷婚姻和爱情的女子，往往最不了解婚姻和爱情。爱情是两个人的事，婚姻是两家人的事，可笑的是，世上太多的女子视婚姻和爱情为一回事儿。

汪恩甲本是呼兰县驻军邦统汪廷兰之子，按说张乃莹嫁给他，相夫教子，衣食不愁，倒不失为好的归宿。可惜，这仅是设想，汪恩甲的缓兵之计，张乃莹没看出来，等到看出来，为时已晚。渐渐隆起的小腹无处遮羞，张姓女子前进不能，后退无路，山穷水尽，左右为难。人做事，往往事后才觉得后悔，事前呢，头脑发热，意气用事，只想

着顺心如意。

张乃莹比起《红楼梦》中的女子，同样花容月貌抵不过凄凉岁月的腐蚀，同样风华绝代抵不过春恨秋悲的凋零。有些人在意过程的华丽，有些人在意结局的善终。而这个冰城女子在意什么，既没有华丽的过程，也没有善终的结局，短促的人生，充满红楼的宿命，蓝天碧水隐匿着不甘、不甘！

那个小旅馆呈现的噩梦，打击了张家女孩的朝气和读书梦想，她满心幻想做汪恩甲的新娘，希望相夫教子，从此不愁衣食。她以为处女的贞操能换回一纸婚书，能还她一个清白，能让她拥有一个温馨的家。可惜变化猝不及防，汪恩甲的失踪，让张家女孩从一位骄傲的富家千金，一夜之间在人们眼中，变为一个弃妇，一个人尽可夫的坏女子！

这个女子妄想以贞操索求温暖，她是《红楼梦》中的痴丫头，她是封建专制家庭的受害者，父亲的逼迫让她跑出来，有点饥不择食地寻求男人的保护。生命中的五个男子，她的爱到底给了谁？也许谁的保护多一些，她给的真情就多一些，但那不是爱，她心底的真爱因父亲的伤害，而永久地隐匿起来！

这个女子遭尽悲剧，仍不愿丢弃那份安静的素雅。一刹那的美好，曾经的楚楚动人，不知从何时起，在光阴的挥霍中，在红尘的染缸中，差点消失殆尽。没有人能做到纯粹如一，百味尽尝，唯一的人生，我们是否把生命的路程当成简单回归，把尘世的琐碎当成夜空烟花，过眼云烟。

张乃莹，这位二十世纪三十年代的文学洛神笔名为萧红的女子，这一生不管犯了多少错，付出真情给多少人，经历过多少坎坷浮沉，尝饮过多少人世酸辛，她永远是一杯芬芳四溢的茉莉花茶，淡雅素净又兼有牡丹玫瑰的魅力。这世上不只酒能醉人，蜜能醉人，一场一场的恋爱，也会魂牵梦萦，前生今世，伤感铭心！

这是一位上苍赐予人间的冰雪女子，多年后，中国的文坛被她抢占了一席之地。岁月可以削减一个人丰盈的骨肉，却阻不住一天天厚实的心灵。奋力挣扎的女子，在冰雹的天空下忍受着打击，未了的心愿，在季节的隆冬中，伴随着雪花，努力上演。那曾经漂浮的她，在人生的路途中，已经习惯了放逐的身心！

6. 青梅苦涩

曾经读过一首叫《点绛唇》的词，词是这样写的——蹴罢秋千／起来慵整纤纤手／露浓花瘦／薄汗轻衣透／见有

人来／袜划金钗溜／和羞走／倚门回首／却把青梅嗅——
讲的是一个女孩子在院里玩秋千,玩得累了,正在歇息呢,
突然来客人了。女孩连忙红着脸躲开,走到门边,手拿一
个青梅果,边嗅边倚门回眸。作词者是南宋的一位女子,
看到别人或描述自己少女时,遇到生人那种害羞的场景。

少女时代,是一个女子生命中最美好的年华。这个时期,
天真烂漫,青春活泼,充满希望和活力,机体每一个细胞,
充盈得好像都能溢出水来。可是,寒鸦老树,天涯望远,
偏有愁肠充斥那个时代。我不能述尽,那是怎样一个故事
中的四合院?冰冷的城墙,盛装你的尸身,花季的岁月噙
满你的泪水。悲伤的华年,古老的城市,死寂一样的日子,
谁来安抚游走人间的魂灵!

寂寥红尘,阡陌人家,历史长河的泥沙,堆积着过往的
点滴尘事。那位哀伤的小女子,让我想起,从古代走来的
李清照,曾经活泼的少女历尽艰辛,病逝爱侣,患难家国,
凄凉孤独的晚年,七十二岁生命终结,犹如一缕烟雾,曲曲
袅袅,回归依稀的过往年代。那憔悴的词痕,犹如她的眉眼,
白雪一样黏在岁月的城壁上。

这位叫李易安的南宋女子,才华横溢,她前期的词活泼
清丽,富有浓厚的日常情趣,是真实的生活写照。社会动荡,
境遇变换,这个女子晚景凄凉,可她有幸福甜蜜的青年时光。
半壁欢喜半壁悲的女子,比那泪水浸渍的整个生命,仍是

花开得美丽！

青春年少，倚门嗅青梅，阳光下的花苞，专为心上人孕育。情侣侠影，恩爱双飞，一旦分离，凄凄惨惨戚戚。时光飞逝，何曾知晓，千年冰封的古城，青春红颜，萧瑟秋风，隆冬的严寒中，有位女子一遍遍吹奏着《胡笳十八拍》！

这人不是李清照，似水流年，如花美眷，曾有大把的光阴挥霍，一半是那浓睡不消的残酒，一半是那绿瘦的憔悴、红肥的娇羞。这人不是蔡文姬，鸿雁北回，少小离家，命里难改的乡音，曾经相依的老父，邻里相隔的兄弟，一路悲怆的胡笳！

月朦胧，鸟朦胧，独倚窗前，哀怨声声。昏惨惨二十离家，谁家孤女，轻唱出塞的愁肠？谁家女儿，缺失昭君的风光？衰草连天，梅子未熟，冰封的女子，望断天涯。锦瑟华年，鬓角银发，燕子寻巢，来去孤檐。旅途一人，无人问津，尘世之忧，红尘之烦。萎靡低首，长夜漫漫，谁家烟花，春雷璀璨。

红尘转身，沧海桑田，一位妙龄女子，遭遇了命里注定的劫难。张乃莹，这位七十年前的才女，为读书抗婚，与父亲闹翻，被开除祖籍、驱逐家门，走投无路，就这样一步步陷入噩梦。汪恩甲，这位哈尔滨基督小学的园丁，如一条饥肠辘辘的狗，把送上门的张家女孩狼吞虎咽，饱餐一顿，然后弃残羹扬长而去。

　　好像空中抛下的一粒石子，下面是汪洋恣肆的海水，张姓女孩顿时被悬在半空，上也不是，下也不是。汪恩甲潇洒离去，不拖泥，不带水，自此音信全无。始乱终弃，张乃莹心头泣血，说不出的苦滋味！同居半年，起初她为摆脱汪恩甲，曾去北平找一位叫李洁吾的朋友，想请他帮忙实现读书梦。结果没能如愿，刚到北平，汪恩甲就如吸附的空气，跟踪来了。

　　是谁说过，萧红痴傻，执着于情感，对男人不设防，是她的致命弱点。起初抗婚和有家室的陆振舜私奔，后又跟抗婚的对象汪恩甲怀孕，这显示出她在情感的把握上，不经大脑考虑，率性行事。这样做的后果，直接给她以后的生活埋下了不幸的种子！萧红对待情感轻率的态度，成为别人非议的借口。同情的，责怪的，嘲讽的，一时间，评论界出现那么多教导颦儿的宝姐姐！

　　有一句诗说得好："不识庐山真面目，只缘身在此山中。"千秋万载的红尘世间，萧红只出现一次，不可复制的她，有自己的个性和为人方式，她的纯粹，她的脱俗，她那小龙女一般的不谙世事，注定要与世俗发生强烈的化学反应。我们对她的指责，显示我们多么市侩，多么精通人情世故！我们是宝姐姐薛宝钗，当林妹妹不检点，说些淫词邪曲时，我们便提醒她小心移了性情。可是我们不知道，我们一直在扮那个欺骗小红帽的狼外婆！

纵观萧红一生，那些伤害她的男人，哪一位不是披着羊皮的狼外婆？张廷举，一个粗暴无情的父亲；陆振舜，一个软弱无能的表哥；汪恩甲，一个卑鄙可耻的小人；萧军，一个英雄主义的花心男子；端木蕻良，一个沽名钓誉的颓废文人——这几位男子，都义正词严地说要保护萧红，可谁也没经得住现实的考验，谁也没经得住时间的打磨。不管怎样，萧红逃出父亲的虎口，没逃出汪恩甲的狼牙，因为这，萧军英雄救美。可这仅仅是幻象，萧红被萧军所伤，无奈投进端木设好的罗网，可这并不是她理想的归宿。也许，一位绝世的才女，不应当与尘世结缘，所以她只能有和《红楼梦》里林黛玉一样的结局。

林黛玉是文学大师曹雪芹设计的艺术形象，质本洁来还洁去。萧红不是，她是上帝捏出的活生生的夏娃，但她的确是林黛玉，为爱而生，为爱而死。作为文学形象，萧红是绛珠仙子，是小龙女，冰清玉洁，尘世不染；可身处尘世，那些世俗恶毒，似乎把她降为与妓女同级。这里提到萧军，据说他的后任夫人，曾自豪地对人宣言，说萧军爱她，是因为她比萧红强，是处女。

书上说，萧红为摆脱汪恩甲，当时还到哈尔滨东特女二中去找堂妹张秀琴、张秀珉姊妹俩。张秀琴与张秀珉将萧红留下，并取得学监的同意，让萧红在高一年级读书。但不久，因萧红发现自己怀孕而作罢。

萧红跟汪恩甲在东兴顺旅馆住了七个多月，欠旅馆食宿费四百余元。汪恩甲逃走后，旅馆停止饮食供应，天天向萧红索债，并扬言要把萧红卖给妓院抵债。这个时期，是萧红一生中最黑暗、最艰难、最悲惨的阶段！青灯古墙，夜深面壁，这个未婚先孕的女子，不几日青丝泛白。二十岁的惨境，堪比李清照的晚年！"碧云天，黄叶地，秋色连波，波上寒烟翠"，此时的萧红，深深品味着青梅苦涩、衰草连天的愁绪！

7. 人间沧桑

佛法讲：一切法皆是因缘法，人之情爱也是因缘法。细想之，在这方面，我们之所以心痛欲绝，是因为我们对恋人抱的期望太大，把一切都押注上面，不留一点儿余地。一个人抱的希望愈大，结果失望愈深，这好像是人世间铁定的规律。

曾经看过一张民国照，长袍马褂的小女孩和妈妈一起，那是萧红蒙昧无知的童年。曾经看过一张学生照，白褂黑裙，两根油黑的辫子，坐在一块山石上，两手捧腮，双目凝望，似是思索、神往，那是萧红的少女时代。曾经看过一张泛黄的合影照，一位神武男人，和一位楚楚可怜的小女孩，那女孩是萧红，男人是萧军，她被他揽着，她瘦弱的身体，和实际年龄那样的不相符！

一张照片代表一段岁月、一桩传奇的故事、一曲惬意的想象。我想，七十年前的萧红，这个女子一定相信缘分，深懂佛法。不然，在贫寒饥饿面前，面对家庭的专制独裁，面对情感的伤害，面对俗人的冷嘲热讽，该是怎样的意志，让她坚守那份瑰丽的梦想，淡定似禅，超然于外？

在世人眼中，萧红是位痴傻的女子，每一桩情感到来，她都以一颗毫无戒备的心迎接。脆弱无助，情感依赖性强，做了错事，给人心疼的同时，也使人觉得咎由自取。所谓，可怜之人必有可憎之处。这样说，对于这样一位永远也长不大的小女孩，残忍也罢，恶毒也罢，无非是恨铁不成钢。

一句话，萧红不该对汪恩甲存有幻想，可和凶神恶煞的父亲比较来说，汪恩甲毕竟慈容和善、可爱和悦。汪恩甲是抹蜜的砒霜，张家女孩分辨不得，居然煞有其事地和他培养感情。我宁愿相信两人出于真情意，轰轰烈烈的爱情，犹如琼瑶阿姨的小说，你侬我侬，和块泥捏咱两个，你中有我我中有你。可是两人和不成泥，思想志趣的差异，使两人像斗红眼的公鸡，同居期间，吵嘴成了家常便饭。

七十年前，在哈尔滨的东兴顺旅馆里，张乃莹那个女子，打着如意算盘，怀孕了，把孩子生下来，自己拿钱走人。张

家女孩仍然做着读书的梦，现在明白了，苍茫世间，没有钱，是做不成事的。张家的小女子自作聪明，我拿青春赌明天，你用青春换此生，为梦想不惜付出代价。两个同床异梦的人，暗夜里签下欢喜的条约——张乃莹为汪恩甲生个漂亮的娃娃，汪付给张一笔可观的读书费！

烟火红尘，寂寞世间，日子像冰融的河水哗哗流走。就在张乃莹怀孕半年的时候，汪恩甲失踪了，据说是因其父被日伪所杀而逃走。且不管什么原因，汪恩甲不知去向，千真万确。怀孕的女子，以为未婚夫回家取款，起初，还"寂寞深闺 / 柔肠一寸愁千缕 / 惜春春去 / 几点催花雨 / 倚遍阑干 / 只是无情绪 / 人何处 / 连天衰草 / 望断归来路"一遍遍地默念李清照的《点绛唇》，沐浴词香，多情人满目惆怅地等待良人归来。

这世间女子的心思，向来细腻，无论多残酷的环境，经过她们双眸的沉淀过滤，原来坚硬、不可理喻的事物，立即变得柔美万千起来。那位叫李清照的古代女词人，能把生活中的平常事物，用文字的方式串接起来，一挂挂一串串，犹如深海珍珠，晶莹剔透。她的词注定会成为历史长河的饰物！

这一切，引不起张乃莹的关注，她留意的是那婉约的山水画。一个人，一支笔，旅馆的小木桌，那一笺白纸上，画满了忧郁的秘密。这位现代的小女子，心仪美术，偶尔也涂些诗文，她没想到，自己的魅力会媲美于南宋那个嗅青梅的女子，若干年后，其文字竟也成为中国文坛上的一串珍珠！

我无权评议萧红这位奇女子，我只是惊讶在那个荒漠一样的旅馆，肇事者惹下事一走了之，受害人被困斗室，伤筋动骨，负债累累，竟然如此泰然淡定？灯光如豆，白昼昏黑，线条勾勒的素描画，清秀恬然。纸墨禅香的日子，追忆似水年华。一帘幽梦，消逝尽往，而萧红的青春，眉眼低处，如纸一样薄命！

窄狭楼道，低首房檐，一如人生转角，看燕子南飞，泪眼凝眸，憔悴远影。秋天已至，那座旅馆的二楼，那个面色苍白的女娇娃，此时寻寻觅觅，冷冷清清，凄凄惨惨戚戚。愁绪满怀的少女，小腹隆起，青丝依稀斑白。人生低谷，青梅误摘，不见潮起潮落，依然淡然如水。

哀其不幸，怒其不争，这是听故事的说辞，真正识透沧凉红尘的能有几人？佛曰，世间之事，皆有因果。我想萧红是深懂此理的，不然她以后的人生，为何对汪恩甲只字不提，半句责怪的话都没有。不诅咒，不等于不怨恨。萧红心知肚明，抗婚是因，报复是果，自找其辱、咎由自取，她得有怨恨的资格。

这个可怜的小女子，一生尽是悲剧，人皆谓之"任性"造成，却不知其天性敦厚，个性纯真，没有心计，不会玩

弄世俗的花招。如此痴傻，自谓悲剧根源，乃社会地位低下造成，一生不服命运，一生向其抗争。叛逆女子顶着流言蜚语，奔向梦中的彩虹！

一个人性格的倔强，往往说不清，它可以激发人的勇气，努力向上，也可以磨平人的棱角，与社会对抗。喜忧参半，优缺点兼并，世间万事万物皆是这样，所谓的好与坏，那是相对来说，无法一概而论。萧红这个女子，既有多愁善感、心思细腻的小女人情怀，也有天性浪漫，吃饱今天不管明天，藐视宇宙、傲视环球的流浪者特征，这种双重性格，造就她宿命的人生！

我一遍遍诉说着，七十年前那座冰城的传奇。倘若，今天的北国，那个女子依然健在，她的宿命会继续演绎。流浪者艺术家的气魄，与小女人情感的失衡，从她抗婚的那一天起，就在起着化学反应。感情世界的不知所措，坚持不懈地寻求归依。爱的坚守、爱的唯一，犹如永恒的文学梦，成为北国女子一生的陷阱！

斜倚窗前，空落茫然，梦中那座荒漠的旅馆，一位憔悴的女子，陷于生存的困顿。曾经的经济支撑者，如游动的蛇，在某一天悄然失踪。那是一个漆黑的夜，伸手不见五指，像魔鬼策划好了的，拿她的子宫修行，盛装童男童女赴仙的计划。一颗泣血的心，无所搁置，要生存，还怕什么活着的廉价？让贞操沉淀海底，让心麻木，让羞耻寻不回来，让信念支撑天空，让伤心被微笑遮掩，朦胧中，到处是泪水横飞的笑脸！

那个小窗口，过客匆匆，世界之大，容不下漂泊的孤女。如浮萍无根，顺水漂流；如候鸟往返，栖身无依。老树寒鸦，夕阳西下，人在天涯断肠！萧红，这位七十年前的流浪女子，在那样的冰城，被困于一座旅馆，如浅水的鱼，如平川的虎，如鸡群的凤，憔悴损！失去自由和活力的年少女郎，青春未尽，已饱经沧海桑田！

第二卷

似泪洒 ，　纨扇题诗

　　遇见三郎，是她的劫难还是
福星？他给她男人的胸怀依靠，
亦成就了她的文学梦，却屡屡背
叛，给予她无情残酷的伤害。

8. 初识三郎

　　有时候，很奇怪，一个女子和一个男子从相识到相知，竟是如此简单。事实就是这样，萧红和萧军的认识，就是偶然的偶然。偶然前的几秒钟，萧红根本不知道，报纸上那位叫三郎的男子会如侠客一般从天而降。萧红不欣赏侠客，但她的处境需要一位侠客式人物来拯救。

　　事实上，萧军的性格长相也就如真正的侠客一般，正直粗犷，豪迈大气。当时被称作张乃莹的萧红，初见萧军，也许被眼前的"绿林豪杰"吓了一跳，作为一位倾慕作者的年轻女读者，她心目中的三郎应是文质彬彬的英俊男子。少女心思的张乃莹为自己的想法感到好笑，但很快就意识到，此时被抛弃的她，无家可归，饥寒交迫，已经没有资格对一位陌生男子进行浪漫的品评！

　　一川烟草，满城风絮，梅子黄时雨。转眼梅雨季节来临，哈尔滨虽处在没有梅雨现象的地理位置，在一九三二年的六月，雨水却出奇地频繁起来。冥冥中似有神灵指示，这座城市的一处旅馆，囚禁着一位身怀六甲的孤女子，此时濒近临产，需要搭救。张乃莹在这所旅馆住了大半年，同居的伴侣汪恩甲一去不返，而未婚先孕的她，像只被大雨浇淋的野猫，绝望恐惧地盯视天地，走投无路。

张乃莹自幼缺乏父爱的支撑，导致她在情感上坚持不懈地寻找依附。可是情感这个东西，在现实面前，是多么不堪一击！在认识萧军前，她已品尝过两次苦涩的感情经历。如果说，萧红与萧军的相处，纯粹是为了生存，那么前面的情感经历，却也是为了糊口。事实上，她一生的情感，哪一桩都没经过深思熟虑，从一桩情感跳到另一桩情感上，那么地轻而易举，不计后果。

选择什么样的人来爱，从来没个概念，遇到了，便奋不顾身，且不管合适与否，靠谱与否。而我们的日子，在这光阴交错、岁月变换中渐渐划离，脱变轨道，忘却原来的人生。七十年前，那位叫张乃莹的女子，在情感的迷途上跌得头破血流、伤痕累累，而活着的人们，不知不觉中，亦如她一般地执着。

那些自认为欢喜的人与事，固然与他们欢喜的人与事毫无关系，但看着还是暖心的。只是他们不知道，或者曾也记起，总也是美好的。不乱于心，不困于情，不畏将来，不念过去，岁月安然，如此静好。这样的心态，烟火红尘，也许只有那位优雅的女子林徽因能及，而充满烟火气的萧红做不到，但因这做不到，更加充满血肉身躯的真实！

一个人的世界，过多的自言自语，却也是顽固不化。拿不得别人来比，却总也要计较，分个高低与美丑，有些是

比不得的，还来难为自己，终究是个可怜的人儿。感情不是拿来谈的，只是相互偎依，暖也是一起，凉也是一起，有朝一日散开便各不相干。萧红究竟是什么性情的人，路走了那么多，好不好走，全看天，阴晴不定，自己竟左右不了自己。

事过境迁，于谁来时，会心一笑，见到了便为欣喜。然后有些微笑，总没底气，有些怨恨，与旁人无关，总难为自己，才觉得对得起。因为这些，看不懂，摸不透，然后弃而寻他。想着萧红的事，昨日恍惚，别人的爱情故事，一波三折，然后有情人终成眷属，而她，许多的不忍与无奈，在日子的煎熬中，随风散去，留下的净是凄苦。

日子变换，人也更新，自我检讨中，还好，忘乎所以，一如萧红的个人生活，物是人非的旧年历，带有旧年的暗伤。当年的张家女孩挺着大肚子，门内看到门外的三郎，喜出望外，那被后人称为钟情的一幕，三分迷惑，七分希冀，若说有爱，也被包裹在十二分求生的愿望里。以读者的角度，也许三分倾慕，究竟是倾慕，毕竟十二分的自卑，这个怀孕的少女，一如奴隶哀求心善的王子。

世间之事，偶然总带着必然，当时的萧红并不知道自己有文学天赋，她只是位平凡小女子，带着一丝自怜、一丝哀怨、一丝无奈，因为遭难，而渴望外面的救助。七十年前，在那个昏暗潮湿的弄堂口，外面大雨滂沱，男人铁塔似的身躯高大、威武，着实给身体弱小的女子以切实的安全感。可以谈梦想，可以谈人生观，天南地北海侃，也可以眉目传情，但与爱情无关。

烟火红尘是一杯苦酒，以自己的厌倦，换取对方的一晌贪欢。人生下来是为承担罪孽，可面对一个新生命，内心依然充满喜悦。不知怀着汪恩甲孩子的萧红，面对她倾慕的三郎，心内作如何感想？是爱情吗，若是，那样坦然地投怀送抱，绝不会如此安然。萧红如一只疲倦的猫，一时一刻，都不愿在野外流浪，想寻个归宿、寻个窝，也许那样地急不可待，是她求生的一种本能。

萧红对萧军全然没有设防，而是热切地渴求他的救助。然而，面前的三郎却没有这份救人的心，这位直爽的东北男子，"爱就爱，不爱就走开"是他的爱情信条。张乃莹没有骄人的容颜，二十岁，花白的头发，有孕的身子，想以爱情作筹码来拯救自己，谈何容易？可是上帝会庇佑真正的才女，不然，萧军为何会平白无故看到那一首名《春曲》的小诗，而且一眼看去便如痴如醉——

这边树叶绿了

那边清溪唱着

姑娘啊

春天到了……

这首小诗是萧红当时的心境，自从遭遇汪恩甲情骗，她

在茫然无助之下万般无奈向当时的哈尔滨《国际协报》副刊编辑裴馨园写信求助。裴馨园与孟希、舒群等文学青年先后到旅馆的看望，使绝望的萧红心头燃起了希望之火。萧军是《国际协报》副刊的作者，受裴馨园所托，给那位受困旅馆的弱女子张乃莹送书，这才导致中国文坛上"双萧结识"的一段佳话。

有谁说过，人间每个人都是过客匆匆，有些人与之邂逅，有些人与之擦肩，所有的相遇和擦肩都是缘分，当某人爱上某人，那个背影、那个眼神，都意味着一段情缘。只是缘深缘浅，聚散无常，无从把握罢了。既然如此，萧红和萧军的相遇，是三生前世注定的劫。不然，那个雨水的夜，怎会泪洒人间，串结一世的情浓暗伤？

岁月留忆，沉默埋了昨日的伤痛。怨秋迟恨幽幽，无边黑夜，未完的离殇，注定这一世的纠葛久长。谁许谁半生安然，谁伤谁一季痴狂，红尘万丈，那场烟花下的尘缘，心已坠落无底深崖。缘聚缘散，短暂易逝，若干年后，当萧军回忆从前和萧红相遇的点点滴滴，痛不知多少，悔不知多少！一颗泪遗落万年，那几载季节的风雨，是他与谁共舞华裳？遥远灯火阑珊，旧情处，埋愁地，曾经执手相邀，是谁许谁今生不变的诺言？

曾记否，忆当年，痴狂年少，似水流年，惹下半世颠簸，那一场雨水的缠绵，从此任凭忧伤蔓延。有谁说过，有些缘分只是南柯一梦，瞬间的消逝便成了萍踪过往。有些缘分却落地生根，扎进了你的生命中，从此纠缠不清。一个不信宿命的人，日子过得久了，被春去秋来、花开花谢的因果所感染，从此变得相信命定之说。人到了一定年岁，追求的只是平和与淡定，待到华丽转身，从前的光影已是回不去的浪漫。

结得相思恨已迟！双萧的那一场情缘，由相知到分手，短促六年，中国文坛的一段公案，谁对谁错？那一季谁伤谁的心？谁痛谁的心？莫恨东风无情冷，不过是缘尽缘分。红尘纷扰，情已乱，萧红的早逝，致使萧军悔不当初，忆及当年的风雨患难，人天相隔！忘不了曾经，那一刻的璀璨，谁能定格刹那的永恒？年华渐流，忘了容颜，当年那个叫三郎的男子，终落得痛在心间，曲终人散，孤影话凄凉！

9. 寸心柔肠

红尘万丈，猝不及防，我们总会被突如其来的缘分砸蒙。七十年前，当那位叫萧红的女子，在落难的旅馆，遇见命定的男子，从此春光明媚，遍地生辉。跟他一起，萧红发现自己如小鸟依人，从没这么温柔过。她努力表现得聪明，

被他欣赏，有点欢喜，有点怕，有点受宠若惊。自此，她变得驯如羔羊，只要看到他，所有的沮丧会消失得无影无踪。

每个人都有一个死角，自己走不出来，别人也闯不进去；每个人都有一道伤口或深或浅，遮上帘，以为不存在；每个人都有一场爱恋，用心、用情、用力，感动也感伤；每个人都有一段告白，忐忑、不安，却饱含真心和勇气。初见三郎，萧红像抓住一根救命稻草，努力让自己的欢喜变成爱情，除了这，她不知该怎样回报这位热情似火的男子。

黄梅季节频繁的雨水，让松花江急速地决堤，犹如上帝扔下的咒符，一夜之间，水漫金山。一九三二年的八月，哈尔滨被洪水袭击，水面上的挪亚方舟如一片片落叶在风中飘忽。这所城市的东兴顺旅馆，洪水已涨到了二楼，人们争相逃离。人为什么会流泪，其实那不是简单的泪水，那是忘情水，别轻易为爱情流泪，你流得多就会记得多。萧红不流泪，她住在二楼，像热锅上的蚂蚁，急得团团转，她在等待那位叫三郎的男子。

世界上最快、最慢，最长、最短，最平凡、最珍贵，最易被忽视，最易使人后悔的就是时间。没有时光机，没有办法做一次灵魂的时空穿越，那就把回忆忘了，忘记昨天，善待今天，期待明天。把那些痛苦、悲哀的回忆忘掉，不做时间的奴隶，做一辈子最精彩的自己！柔弱的女子在危急时刻，常会表现出异常的坚韧与果断，萧红也不例外，千等万等，等不来要等的人，她毅然从窗户爬出去，上了眼前经过的一艘小船，离开了这处让她终生痛骨入髓的囚牢！

过河时，船是有用的，但过河后，就要放下船赶路，否则就会成为包袱。痛苦、孤独、寂寞、灾难、眼泪，这些对人生有用，能使生命得到升华，但须臾不忘，就会成为人生的负重。萧红深深地明白，很多时候，让她疲劳的不是远方的高山，而是鞋里的沙。所以，自从认识三郎，她把沙子倒掉，把所有的过往都掀掉，以全部的身心爱这个男子，迎接新的人生之路。

人生，快乐不快乐看心情，幸福不幸福看心态。很多人活得用心、努力、够辛苦，但就是觉得不快乐、不幸福、不成功，因为他们看不清自己，不知道自己真正需要的是什么，不知道什么该坚持什么该放弃。人生无论最终的理想是什么，埋着头赶路是一种辛苦，边走边看则是一种享受。而生活的内涵就在其中。萧军就是这样的人，具有且管今天享受、不管明天怎样的流浪者气质。当洪水四溢时，他首先想到的是萧红，在萧军的世界观里，保护女子应是男子的天职！

萧红逃出来找萧军，萧军冲进去救萧红，两颗孤旅的心，激扬的灵魂，是无法触及的孤独。你的模样，刻在风里，刻在心里。你不言，我不语，间隔着万水千山，为那冥冥中千年注定的姻缘，沿着月老拴就的红线，一路走来，以文字相望而相知。不眠的夜，不眠的人，不眠的心，是谁曾说，

你已经放在我心里，不曾真正离开过。眷念，反复在文字里上演。

微亮的天际，那位叫萧红的女子，用心修了半世的路，伴着发抖的身躯，忘怀往昔的苦痛，庄严地膜拜生命中阳光的地方。神说要有光，于是就有了光；神说，要有爱，于是就有了爱。她知道，那光亮和爱必有自己可以分享的温暖划过指尖。透过薄雾的城市，苏醒的灵魂即将沉睡，在闭上眼之前，只为能看一眼温暖之光。修前世，只为等待三生石畔那个叫三郎的男子；修今生，只为睁开眼就能够遇见五百年前月老拴就的他。

明知道迷乱是苦，她依然不选择结束；明知道追求是苦，她依然执迷不悟；明知道分离是苦，她从不向谁去倾诉。关于自己的情感，萧红始终保持沉默。世上一种爱，明明是依附，却说不出来；明明该躲避，却躲不开；明明是毒药，却强令自己吞服；明明无前路，心却收不回来。萧红朝萧军住处一路狂奔的时候，心已确定，自己的命运从此将与这个男子同风雨、共患难，密不可分！

萧军没料到，萧红自己会跑出那所因欠债差点把她卖入青楼的旅馆。就这样，两颗相逢的心，在酸痛中流着喜悦的泪结合了！在萧红心里，以前的痛苦记不起，今天的欢喜撑不起。如果开心和悲伤，想到的都是同一个人，那应该是真正的幸福。在萧军心里，开心，可以和人分享；悲伤，这由生理决定的无言真理，自从人类出现以来，已成为生活中的潜规则，没有人能够打得破。

游走红尘，有人说你好，也有人说你不好，只要做人做事问心无愧，何须执着他人的评判。无须看别人的眼神，不必一味讨好别人，那样会使自己活得很累。当有人对你施不敬的言语，请不要在意，请不要因此而起烦恼。因为这些言语改变不了事实，却可能搅乱你的心。心如果乱了，一切都乱了。对于别人的非议，萧军如此劝说着萧红，虽然后来的回忆录中，他仍然埋怨老裴的虚伪。

萧红在医院分娩出院后，与萧军住进道里新城大街（今道里尚志大街）的欧罗巴旅馆，开始共同生活。因没有固定收入，二人仅靠萧军当家庭教师和借债勉强度日，生活非常困苦。但他们患难与共，感情融洽。冰雪世界的多情之人，从此有了牵挂。淡然超脱的心性，像卖火柴的小女孩，爱上了橱窗里的食物，爱上了出门前的叮咛，爱上了回来敲门的惊喜，爱上饥饿寒冷，爱上了温暖，爱上了午后阳光下打盹儿的慵懒。

一九三二年十一月，萧军找到一份家教的工作，工作的报酬就是管住处。那住处就是萧红、萧军从欧罗巴旅馆搬到的道里商市街二十五号（今道里区红霞街二十五号）。不管怎样，他们总算有了自己的家。有谁说过，逃避不一定躲得过，面对不一定最难受；孤单不一定不快乐，得到

不一定能长久；失去不一定不再有，转身不一定最软弱；别急着说无法选择、世上只有对与错；每一件事情的答案不是只有一个，所以我们永远有路可以走！

那年，折好的纸飞机，已沉入时间的海洋里，带着双萧的欢声笑语，销声匿迹。风一直吹，吹向一位女子潜藏在回忆里的渡口。彼年，银铃般的笑声迂回在那片开得如荼如火的花田里，萧红的指尖捏着涂满颜色的纸飞机，对那个叫三郎的男子笑靥如花。如今，不知那片花海是否还在一如既往地绽放？那个放逐纸飞机的女子是否还站在那里？

茫茫人海中，谁遇见了谁，谁邂逅了谁；谁错过了谁，谁注意了谁；谁陪谁走了一程，谁陪谁过一生？一路上的行走，萧红遇上很多折纸飞机的男子，他们也许陪她走一站，也许只是一个过客。于是，生命中留下了许多逗号，一段经历一个逗号，一段感情一个逗号，一段付出一个逗号，无数个逗号的等待，只为最终那个句号。

萧红爱上了流浪，已经忘记了退路，爱上一个人和自己的寂寞一样，义无反顾。她所经历的感情，都是捕捉的风，她不知道，到头来，会不会一无所有？萧红不愿意因为不舍或者留恋而接受恩赐的怜悯。所以，她抓紧萧军不松手，松开手，她将如荒野迷途的孩子、天空失航的飞机、海洋狂风中的船，找不到路，失去方向，最终靠不了岸。

萧红发觉，当她快乐时，悲伤在一旁窥视；当她痛苦时，随之而来的是欢乐。到了最后，她发觉，每一样都配得好好的，每一种痛苦与快乐，每一样自己所得到和失去的，好的与坏的。到了最后，仔细算算，竟会发现痛苦快乐两个数字，是一样的。到了最后，萧红发现，上帝是公平的，它赐不幸的同时，也赐幸运。到了最后，幸福忽然变成一件让人心理平衡、触手可及的简单事了。

在萧红心底深处，有一个遥远的梦，那就是渴望展翅天际，化蝶飞翔。有一个人，他愿意和她飞：她的高度，他会默默关注；她的美丽，他会暗暗欣赏；她的梦想，他会鼓励支持；她高傲妩媚，他洒落洋溢；她累了，他守卫；她颓废，他伤悲；她用真情为他驱赶夜的黑，他用一生一世将她包围。这个人就是爱人，就是萧红眼中的三郎，无可替代，生死相陪！

这时期，萧红在商市街跟着萧军上街做宣传，参加青年学生聚会。这样贫穷单调的流浪日子，充实而精彩，是令萧红欢喜的，充满了她想象中的浪漫。平凡人生，绝不能平淡，必须丰富而多彩。一杯白开水，平平淡淡，喝下不可能有味，只有放上咖啡或茶叶，既有了色，也有了味。哪怕放点糖或盐，也比白开水强。生活必须有味！苦味也强于平淡！

商市街的时光，是萧红和萧军六年相濡以沫最融洽的时刻，亦是她一生幸福美好最值得纪念的岁月。秋去冬来，四季如水，那些曾经散过步的公园，坐过的石椅，青苔遍布，

旧影斑驳，它残存着这一对情侣相依相偎的痕迹，你在左，我在右，一起聆听风中花的呢喃。而如今，只能把它装进时光的沙漏，一分一秒地计算下一次花开的时间。

从在东兴顺旅馆萧红见到萧军所谓的一见钟情，到洪水泛滥逃出住在欧罗巴旅馆，可以说，这个小女子一直在用谎言敷衍着眼前的大男人，她不是真的迷恋三郎，而是真心想跟他过日子。对一个人好，不是只爱他的优点，而是要学会包容他的缺点。和一个人相处，不要等后悔的时候才知道做错；不要等争吵的时候才知道和解；不要等错过的时候才知道回头；不要等离开的时候才知道思念。张家女孩，初为人妇，深深地明白这些道理。

人生是有限的，不要留下太多的等待，时间最宝贵，把握好现在的时光，让生命活得更精彩。而这一切，萧红做得很好，不管怎样，她都在努力做一位好妻子，给身边这位救她于水火的男子温暖和爱。

萧红和萧军先结合，后恋爱，她毕竟是位心思细腻的女子，多愁善感，真爱须要慢慢渗入。

在乎一个人的时候，她会有事没事看他的文章，甚至背得滚瓜烂熟；她会喜欢上他所喜欢的歌，喜欢跟他在一起的感觉；她会把生活中一点点小事都告诉他，她会时不时在他面前卖弄些小聪明；她会因为他无意中对她的好而感到心醉甜蜜，她会为此而开心好几天。

平淡琐碎的日子里，双萧会贪恋自己的快乐和幸福，许多无关紧要的外在因素，时时冲撞着他们敏感而脆弱的防线，他们会因寒暑易节而忧心，因冬枯夏荣而难安，因生死祸福而不眠，因功过得失而辗转。其实快乐和幸福只是双萧一块栖身的地方，当他们忙碌得无暇顾及时，这些就真的离他们不远了。住在商市街，萧红虚弱的身体渐渐恢复，这同萧军的无私照顾密不可分，真情倾注，两人风雨同舟，患难与共，一如两只矫健的海燕，面对着狂风巨浪，在海天之间，坚强不屈！

11. 文坛崛起

缘分和发明一样，源于偶然。爱情是一种发明，也是一种缘分，却需要不断改良。因为这种发明跟其他发明不一样，没有专利权，随时会给人抢走。愈害怕失去的人，愈容易失去。愈想得到，就愈要放手。这是爱情的诀窍，生活的诀窍却不是这样。

生活需要畅想，没有梦想就没有明天的美好。今天的幸福，是昨天憧憬的种子孕育出的花朵。花朵要结果，梦想要实现，可是，畅想没有脚，不会走远。萧红住在商市街，

除了做家务帮萧军抄抄稿外，还上街找工作，兼带参加义务活动。一次赈灾画展，其中就参展她的两幅粉笔画。萧红出众的文艺细胞，引起萧军的注意，于是，他鼓励她从事文学创作。

一个人站在人生的十字路口，会徘徊不定、犹豫不决。而影响自己下决心的主要因素，既不是事情的复杂，也不是自己的判断力不够，而是对于自己即将放弃的选择，心有不甘，既想要鱼，又想要熊掌。萧红本来喜好美术绘画，这时候要正式进行文学上的尝试，内心有一定的冲突。但是她明白，没有舍就没有得，今天你所放弃的，明天可能会以另外一种形式回报给你。

不要认为阅历沧海桑田，就已经老了，青春是遥远的事。对事物永远保持好奇，是内心不老的法则，拿起笔的萧红，在心里不住地给自己打气，要学会放下记忆，放下纠结事。不要总说自己吃的盐比别人吃的米还多，卖老会失去太多的可能性。看透不等于看破，看透不等于沧桑，而是更好地选择。请随时告诉自己，最好的事情都在前面等我，我还年轻。

萧红先是写诗，写随笔，在她的脑海里，远山层叠，灵魂游荡着悲哀，曾经的甜蜜对白，曾经的苦痛，仿如昨天般，却又转瞬空白。书写着爱和温暖，记忆如此不堪，回忆进入轮回，一次次被打回原形。一九三三年五月二十一日，萧红终于写出第一部短篇小说《王阿嫂的死》。有谁说过，爱情给不了未来，你就迈开蹒跚的脚步，朝路的一端奔赴，那里有金色的翅膀，它会载你驶向光明的未来！

快乐靠自己，没有谁能够同情和分担你的悲切；坚强靠自己，没有谁会怜悯你的懦弱；努力靠自己，没有谁会陪你原地停留。萧红的身体和情感脆弱得不堪一击，可在文学创作上，却表现超强的意志力。而且她作品的思想，浑厚大气，不像一般女作者那样，写来写去，尽是个人情绪的造作。萧红知道，珍惜靠自己，执着靠自己，一路走来靠自己，没有谁能够一直陪她走到底。

没有人，可以淡忘曾经的刻骨铭心，哪怕记忆中只剩下一些片段，依旧会闪现过去的点点滴滴。有一天，萧红觉得自己长大了，学会把那些青涩懵懂的问题，拆成落叶，沉淀在青春的湖泊里。萧红愿意是那迅疾流淌的河水，从不转身，从不回头，无论幸福，抑或忧伤，执着地流向远方，不经意间，却有那记忆如落叶顺流而上。

《王阿嫂的死》描写王阿嫂一家的悲惨遭遇。在萧红心里，人生路上，使人疲惫的不是道路的遥远，而是心的郁闷；使人颓废的不是前途的坎坷，而是自信的丧失；使人痛苦的不是生活的不幸，而是希望的破灭；使人绝望的不是挫折的打击，而是心灵的死亡、四围不透气的墙！通过小说《王阿嫂的死》的描写，萧红愤怒地控诉地主对农民的残酷剥

削和压迫。

这篇小说，取材于萧红在老家福昌号屯时的亲历见闻，当初囚禁她的地狱，如今，成了创作的源泉，成了她走向文坛的铺垫石。祸兮福倚兮，福兮祸伏兮。人生的挫折是一笔财富，它为有心人预备，它为不屈的人储藏。出身于地主家庭的萧红，初涉文学之路，笔尖下的郁闷不是出于小资情调的个人情感，而是表达了大众气息的家族叛逆。

萧红有心结，她尽力把事物看开、看淡、看薄，相信一切会慢慢变好。《王阿嫂的死》发表以后，她以悄吟作笔名陆续发表了《看风筝》《腿上的绷带》《太太与西瓜》《小黑狗》《中秋节》等小说和散文，一发不可收，就像一个人扛起枪，换上军装，从此踏上从军路义无反顾。

谁也拉不住匆匆而逝的时光，昨日之事不可留。遥远的地方，双萧为各自的目标奋斗着。用一生的坚持来奔赴一场盛大的遇见。一个过程，一段成长，双萧都在努力着，谁都没有放弃成全那场残缺不全的邂逅，期待着，可以用最美的姿态，盛着阳光的笑意，去迎接这场青春的约定。

创作之余，萧红跟萧军经常去参加左翼文化人的聚会，那是在一位画家的宅院，院内种植着牵牛花，被命名为"牵牛坊"。常来的还有罗峰、白朗、金剑啸、舒群等人。他们说，世上分两种人，一种是做事的人，一种是做戏的人。做戏本身不可叹，可叹的是他们把自己当作做事的人。他们还说，这世上的财富，如果是一杯水，可以独自享用；如果是一桶水，可存放在家里；如果是一条河，就要与人分享。他们又说，这世上有多少人读着鲁迅，却做着鲁迅笔下的人。

他们对萧红说，如果是对的，就别在意他人的评说，那只能左右你的判断；如果需要艰辛的付出，那就不要吝啬你的努力，从来没有一种真正的成功，可以毫不费力地生长于荒草丛中；如果付出与收获不对等，无须有过多的抱怨，这会让你的心更累；如果面临最彻底的失败，也不必和命运较真，我们来世上走一遭，都有许多不容易。

通过与他们的接触，萧红开阔了眼界，增长了知识，而且还受到一些共产党员爱国进步思潮的影响。要想成为强者，绝不能绕过挡道的荆棘，也不能回避风雨的冲刷。为了增长见识，萧红积极地参加各种社会活动，与萧军、白朗、舒群等人，在抗日演出团体"星星剧团"中担任演员。虽然剧团引起敌伪特务的注意，于公演前解散，但这次以实际行动支持抗日的经历，对于萧红思想的成长，有特别重要的意义。

有谁说过，行路人，要用足迹代替叹息；耕耘者，要信得过自己的汗水，因为一滴汗水，孕育一颗希望的种子。只有脚踏实地的人，才有资格说，路在脚下。美丽的蓝图，落在懒汉手里，不过是一张废纸。一九三三年八月，长春《大同报》文艺周刊《夜哨》创刊，萧红作为主要撰稿人，在《夜哨》

上发表了《两个青蛙》《哑老人》《夜风》《清晨的马路上》《八月天》等作品。在文学创作上，萧红一直在不断努力，而这辛勤获得的果实，与那位叫三郎的男子，密不可分。

六年后，当萧红因为伤心而离开心仪的王子时，她依然记得，当年和萧军一起走过的路、唱过的歌，一起面对那棵木棉树许下的诺言；依然记得那个宁静的夜晚，他们甜蜜幸福的誓言，还有相送的那束美丽的蓝色玫瑰花儿；依然记得玫瑰旁边一脸灿烂笑容的公主和那个清晨王子温暖的怀抱！

12. 双萧吹箫

七十年前，哈尔滨的商市街上，住着一位文学女子，她一直在心里勾勒白马王子的轮廓。似是一份感情的梳理，少女特有的多情让她对爱人充满浪漫的想象。她要他干净、英俊、温柔、侠肠，他对她千般万般好，他舍下千军万马只做她一人的盔甲，他颠覆整个世界只为博她一笑。日风磨砺，秋寒盖瓦，他都会为她掖好被角、倒一杯暖茶。

柴米油盐酱醋茶的现实，哪里会有梦想的爱情童话？碌碌红尘，茫茫人间，青春那颗活跃的心，如此丰富而灵动。

灵性的女子展开飞翔的翅膀，在梦的边缘徘徊，耳旁犹响爱人的叮咛。生活中，那位叫三郎的男子，以实际行动，给那位曾经笔名"悄吟"的女子，做着切身的榜样。不要停止奋斗的步履，虚废太多的光阴，为明天人生的走向而发愁，我们要珍惜当下，走好眼下最坚实的那一步，前面才会海阔天空。

萧红时时记得萧军的话，一九三三年十月，她和他合著的小说散文集《跋涉》，在好友舒群等人的帮助下，自费在哈尔滨出版。若干年后，双萧分手，他们以为分手很简单，不过是分开行走，不会互唤昵称，不会拥抱，不会亲吻。只是，他们忘了，回忆忘不了，那些只属于他们的情感记忆，就如他们出的个人文集，被一遍遍忘记，又一遍遍重读，直到永远印在了心底。

人，这一辈子能完成圆满的事，少之又少。缘，是难以解说的禅。一个看似平常的人生驿站，不经意地一回眸，书生少年，青春的翅膀和着悠扬的圆舞曲，便飞往梦想的神殿。萧红署名悄吟，萧军署名三郎。一对情侣犹如两名隐名埋姓的武林高手，行侠仗义地闯入江湖。《跋涉》的出版，在东北引起了很大轰动，受到读者的广泛好评，为萧红这位灵性女子从事文学事业打下了坚实的基础。

在这个世界上，没有人真正可以对另一个人的伤痛感同身受。你万箭穿心，你伤心欲绝，你痛不欲生，也仅是你

一个人的事，与别人毫无干系。别人也许会同情，也许会嗟叹，也许会怜惜，但永远不会清楚，你的伤口，你的痛，究竟溃烂到何种境地。所以，把血痂撕开让人观看和参评是无谓的。

在日伪统治下，人民处于水深火热之中，《跋涉》中的大部分作品揭露了社会黑暗，歌颂人民的抗争意识觉醒，带有浓重的现实主义色彩，因此引起特务机关的注意。时局立时紧张起来，为躲避迫害，萧红、萧军于1934年6月逃离哈尔滨，从大连乘船直达青岛。这对情侣，就如两只白天鹅凌空落入人家的院墙，一番猛啄，惊得鸡飞狗跳后，然后落荒而逃。

一生从没失恋过的人是幸福的，就像是走在布满荆棘的路上，却一次也没有被刺伤过；一生失恋过很多次的人也是幸福的，就像是在荆棘林中伤痕累累之后，终于发现了通往林外的道路。人都可以是幸福的，心态好了，坏事里也可以看到转机。

萧红和萧军来到青岛，他们与先到这里的舒群一家住在观象一路一号。萧军在《青岛晨报》任主编，此间，撰写长篇小说《八月乡村》；萧红集中精力，勤奋写作，不久完成了著名中篇小说《生死场》。书稿完成后，他们写信给上海的鲁迅先生，得到其热情的帮助和指导。

在这世间生存，往往你退缩得越多，容你喘息的空间就越有限。生活不是用来妥协的，日子不是用来将就的，有时候，你表现得越卑微，幸福的东西就会离你越远。在有些事中，无须把自己摆得太低，属于自己的，都要积极争取；在有些人面前，不必一而再地容忍，不能让别人践踏你的底线。只有挺直了腰板，世界给你的回馈才会多点。

由于青岛局势紧张，地下党组织遭到破坏，舒群被捕，萧红、萧军处境危险。一九三四年十月，二萧毅然离开青岛去上海。患难时刻，见证他俩纯真的爱情，在萧红心里，这时候的萧军，应是她真正的爱人。没有在她困难时埋怨，没有在她犯错时指责，没有在她诸事不顺时嘲弄，相爱的人，一定会相互保护，而不会互相埋怨。因为，爱是包容，爱是忍耐，爱是不顾一切的偏袒！

一九三四年十二月十九日，鲁迅在上海梁园豫菜馆请客，特意将萧红、萧军介绍给茅盾、聂绀弩、叶紫、胡风等左翼作家。这些人后来都成为萧红的好朋友，对她的创作和生活产生过一定的影响。不久，叶紫、萧红、萧军在鲁迅的支持下结成"奴隶社"，并出版了"奴隶丛书"。

有一种距离，是平行线，永远也走不到一起；有一种爱，不是每天都挂在嘴边，而是埋在心灵的最深处，一直没人知道；有一种执着，与生俱来，就算地球毁灭也在所不惜；有一种性格，明知是爱却不会表达；有一种感情，不算刻骨铭心，但深爱一次，终生都不会改变。

　　鲁迅和萧红就是这样。有传说他们之间有恋情，不管传说的人居心如何，不是鲁迅，萧红难以出道，难以在文坛上立足，这是事实。也许鲁迅对萧红的情感，只是出于长辈对晚辈的爱护、文化宗师对新青年的一种顾惜。而对于萧红来说，鲁迅在她心目中，那是高山仰止，那是崇拜，那是可望而不可即的深海眷恋！

　　鲁迅积极地向出版社推荐双萧的作品，萧红的书稿不但被介绍到当时郑振铎主编的《文学》、陈望道主编的《太白》，许多时候还转到良友公司的赵家璧那里。鲁迅利用自己在上海的关系，竭尽全力地帮助萧红和萧军，因此萧红到上海后写的第一个短篇小说《小六》，很快在《太白》上刊出。

　　一个不甚关心你，尚未走进你内心的人，看到你的笑脸，他会相信你是快乐的——而我知道，你的笑容与你的心情无关，那只是你的一种礼仪，一种包装，一种防护。我清楚你笑容的背后，渴望有双能够看穿的眼，有只能够相牵的手，有个能够依靠的肩，他能融化你所有的苦痛辛酸，让你的笑一直渗透到心里面。其实，懂萧红的是鲁迅，他知道她需要什么。

　　拾掇放飞的心情，慢慢归拢，天还是那个天，地还是那个地，心在原处没有变。萧红没有把自己弄丢，随后，散文《饿》、短篇小说《三个无聊人》分别刊登在《文学》和《太白》上。从此，她的名字便陆续在上海发行的《生活知识》

《中学生》《作家》《文学季刊》《中流》等多家杂志上出现。萧红开始在上海文学界崭露头角，成为一颗闪亮的文学新星。

有些人，不知何处就散了，我们成了自己灵魂的伴侣；有些事，不知何时就淡了，我们却无法淡漠自己的情愫，学会对自己好些，让这冰冷的人际多些温暖。一九三五年十二月，萧红的中篇小说《生死场》以"奴隶丛书"的名义在上海出版，在文坛上引起巨大的轰动和强烈的反响。犹如一只嗓子奇妙隐入山林的鸟，不鸣则已，一鸣惊人，萧红因此一举成名！《生死场》原名《麦场》，后由胡风改名为《生死场》，是她以萧红为笔名的第一部作品。

《生死场》的发表，以东北农村的沦陷前后为背景，真实地反映农民在旧社会的悲惨遭遇。日伪统治下的黑暗，以血淋淋的现实，被无情地揭露出来。同时赞扬了东北农民誓死不当亡国奴，坚决与侵略者血战到底的民族气节，表现了他们的觉醒与反抗。这部小说符合时代要求，为呼唤民族意识发挥了积极的力量。这方面，它比萧军的《八月的乡村》显然更有内涵！

萧红的优秀，无疑给枕边人施加了压力。萧军是位大男子主义者，一直以来，视萧红为那困于哈尔滨东兴顺旅馆等待救助的弱女子，对她满是不屑，心情不好，拿她作出气筒，暴力相加。为人妻者，没有平等，没有尊重，自尊的萧红，

无法忍受这样的蔑视和凌辱，一日一日开始对心中的王子失望起来。问世间情为何物，是谁教生死相许？

曾经，视朝朝暮暮为天长地久，把缱绻一时当作爱了一世；曾经，奢望执子之手，与子偕老，可最终的幸福，总与爱人无关。不知将来的某一天，真爱会不会继续牵手。如今，梦想的神殿，熠熠生辉，触手可及，半世流泪的青春成就了辉煌，那个从北方流浪到江南的才情女子，却已把风景看透！

13. 谁惹心伤

梦匆匆显现，匆匆消逝。随着远山深处，天边的云彩归隐，人生旅途，多少泪水在深浅跋涉的脚迹里湮没。莹莹泪光，挂在写满天真的脸颊上，像是一个人初始旅途的必然印记。于是简单清浅的心田，萌生了种种惶惑和无奈。在上海，萧红、萧军经常到鲁迅家做客，向鲁迅请教。鲁迅和许广平不但在创作上指点他们，还十分关心他们的生活，像亲人一般照顾他们，使这两个异地青年在上海感受到家庭的温暖。

一九三六年六月十五日，鲁迅、茅盾、巴金等六十七位作家联合签名发表《中国文艺工作者宣言》，它的宗旨是：反对内战，号召爱国文艺工作者，发挥作用，创作优秀的进步作品。当时进步青年作家积极投身抗战文艺活动，在武汉形成一个很有影响的东北作家群。《中国文艺工作者宣言》发挥如此巨大的效果，谁也没想到它的创始者竟是文坛新秀萧红！

辗转的流年，年华悄然而去。日渐成熟的脚步，变得稳健而坚定，不施粉黛的脸上，写上了几分坚强、几分厚重。柔弱的双肩，学会了承担。稚嫩经过了风霜的打磨，历经坎坷，终于蜕变为充满魅力的成熟！正当萧红、萧军在上海的生活逐渐安定下来，进行文学创作比较顺利的时候，二人在感情上却出现了裂痕。

既然不爱，何必要感动？萧红想，世界上最可怕的词不是分离，而是距离。一个人害怕孤独，两个人害怕辜负。曾经的海枯石烂，抵不过好聚好散。萧红始终都在练习微笑，到最后终于变成不敢哭的人。平静地转身，平静地落泪，平静地说再见。都说失去以后才懂得珍惜，萧红终于明白，其实珍惜后的失去，最伤心。

对于萧军，萧红心里有说不出的痛，她不知该怎样改变王子的心。自始至终，这个叫三郎的男子，只把她当成弱者，拯救之后，除了同情就是轻视，从没把她视为爱妻，给予她一份尊严。同居一室，分床而卧，枕边人的出轨，让那

场风花雪月、山盟海誓的浪漫从前，都化云化烟化雾飘散。

　　曾经萧红对萧军说，不要轻易喜欢自己，既然喜欢了就不要轻易说再见；不要轻易说爱，既然爱了就不要轻易改变。可萧军做不到，他在爱萧红的同时，也在爱着别的女子。他答应和萧红白头偕老，可同时也在承诺着别人。萧红喜欢专一、懂得珍惜的三郎，只固守真正值得坚持的誓言。见了谁都喜欢的喜欢，不是浪漫，是浪子。

　　正如萧红的猜测，与其说萧军多情，不如说是花痴。三十年功名尘与土，八千里路云和月，十万火急之下，当年拯救文学女青年义薄云天的英雄侠肠，全是因为爱情的驱使。若不是那首《春曲》小诗，萧红深深地知道，自己很可能要被置若罔闻，被冷漠搁置。相遇第二天，就和一位怀孕的弱女子行房，这样的豪爽是多情的真君子，还是发情的禽兽？这一切只有那位叫三郎的文人知道。

　　太在乎一个人，心情常被左右，剩下只有心痛。如果不在乎萧军，萧红不会变得这么脆弱，不会在意他做的每件事，不会静静地想着他发呆，不会记住他说的每句话，不会珍惜与他在一起的时候，不会总是不由自主地想起他，不会这么轻易地让痛苦折磨自己，不会为了一些小事跟他争执。这一切只因为她在乎他……

　　自古多情女子负心汉，这话果不其然地应验到萧红身上，无论她付出怎样的深情，王子轻浮依然故我。山易改，性难移，三郎那"爱就爱，不爱就走开"的爱情论调，一直维持到他生命的终结。桀骜不驯，孤高自许，一生几任妻子，谁也制止不了他浮浪的行为。据说后来，萧军离开萧红，去那个叫延安的革命圣地，依然放任自大，任性胡为，被人家一怒之下关进了牢狱。天作孽犹可违，自作孽不可活，也许冥冥之中，是上天在为萧红这位才女申辩出气吧。

萧红有文学天才，可在个人情感上，她没有张爱玲的冷艳决绝，被胡兰成伤了，宁愿孤守寂寞，空付青春华年，也不再对这个男人抱有幻想。萧红是位痴情的女子，无论萧军对她怎样漠视，她都一腔真情对待这个负心的男子。眼空蓄泪泪空垂，泪洒闲抛单为谁？忧伤的诗行中，那位不解风情的男子，抛却身边的风景，一次次爱上别家的女郎。

一次次的忍让，让三郎有恃无恐，这使萧红尤其心伤。其实，她不是离不开三郎，也不是碰不到更好的，而是因为已经有了三郎，她不想再碰到更好的。她不是不会对别的人动心，而是因为已经有了三郎，她就觉得没必要再对其他人动心。她不是不会爱上别的人，而是她更加懂得珍惜他，风风雨雨地闯荡，能厮守一起不容易。在萧红的意识里，选定的人就不要随便放手，世界上的好人数不清，但遇到你就已经足够。

萧红本是一个漂泊无家的人，她不是公主，没有显赫的背景，单凭那一颗善感的、抑郁的、多愁的心，想挽留住

一个花心的男人谈何容易？萧红没有谢婉莹的好命，嫁得一位好夫婿，夫唱妇随，恩爱百年。萧红亦没有丁玲的慧眼，三十八岁，拥有一份爱情，相依相偎的下半生，被服侍得舒舒贴贴。一样的才情，一样的女子，萧红遇人不淑，向她走来的男人，个个冷心冷面，无情无义，空负她一片痴肠！

烟火已去，梦中红尘，三郎这样的男子，骨子里凡心重。沙龙聚会，暗恋相思，数次闪现在萧红的诗行。冰城才女，偏遭不幸，落花有意，流水无情。萧军和萧红，当初相遇，恋爱才十天，就喜欢上一家俱乐部的交际花。那女子珠光宝气，风情万种，却是阅人无数，哪里会看上萧军这样的寒酸男子。所以这场艳遇无疾而终，枉费了悄吟那一首首诗行的牵挂！

三郎风流成性，萧红没能力改变他，只能默默地祝福，无数次地包容。明目张胆追求文学女青年的三郎，深深刺激着萧红。那位有夫的女子，不是不守妇道，而是性情开朗、个性活泼，给旁观者造成一种错觉。又是一场单思恋，流水有意，落花无情，一束枯萎的玫瑰象征什么？牛皮信封盛装水分，幽深的心间全是虚无。霸道的吻痕，抵不过一纸婚书，那是罗敷已嫁的证明！

萧红不明白，为什么五年相处的真情，抵不过一次感情的失误？那么多的萍水相逢，那么多的一见钟情，萧军的出轨，分明在报复她滴血的过去。拼命对一个人好，生怕做错了，对方会看不起自己，这不是爱，而是取悦。几日不见觉得更爱对方，没他就活不下去，这不是爱情，是不甘心。自己拼命努力，生怕别人看不起，这不是要强，而是恐惧。其实萧红知道，很多时候被情绪控制，只敢抓住而不敢放弃，这很累很累。

不如忘却，浮生若梦，每个人都要学会在天冷的日子里，保护好自己不被冻伤。善待自己，呼唤我们偶尔流浪的心。家是一个起点，也是一个终点，在哪里开始，就让她在哪里陪心爱的人走到终点。萧红不想放弃，风风雨雨，五年夫妻，三郎已是她生命的一部分，比翼携手，郎情妾意，人生旅途应该是一道美丽的风景！

世间男子，多是俗不可奈，怀着猎奇之心，不珍惜眼前拥有，待到失去、悔恨莫及，却找出各种似是而非的理由，自圆其说。想后来的后来，萧军从牢狱出来，再娶的小妻子厚尽脸皮地对人宣扬"自己是处女"，听到的人们，除了鄙视萧军的人品，还能多说什么？相比之下，恩爱不再，恩情长存，离世前的萧红，将自己的成名作《生死场》的版权，慷慨地赠予三郎，以报当年的相救之恩。

还能说什么，世间男子多薄情！萧军拯救张乃莹，看望第二天，就与这个弱女子行房，戴上爱情的帽子，实际上却是图色，萧红欠他什么？若是不爱，若是平庸，若是不向往太阳，六年的性伴侣，六年的奴隶，最终落得个背叛，

一位可怜的女子，流浪天涯，这样逼迫自己，又图得哪般！

从来不相信谁离开谁就活不下去，人们往往喜欢放大自己的情感，然后，连自己也被蒙蔽。但是，没有爱下去的信心，也便没有爱的资格。在转身离开的时候，心像裂开一个缺口，那么的空荡荡。最好的方法，其实是把伤口堵住。就像受伤的狮子一样，独自蜷缩在山洞里，默默疗伤，拒绝打扰。

第三卷

应念我，终日凝眸

她为一个"情"字，远走异国，最终还是被情所伤，何况夜深寂寥，这其中还穿插着细枝末节……

14 东渡扶桑

　　人生犹如天涯苦旅。苍茫的海面，头顶的海燕突然掠过，会让人顿感一丝惊喜，一种生命的力量不期而遇感动并呵护了萧红的身心，让她在体贴入微的幸福家园之中得以疗伤。无论是婴孩的自然之美、长大成人的细枝末节，还是人间辛酸唤起的良知援助，都是感动之花开放的枝丫，都为萧红结出幸福的果实。

　　萧军的出轨，让萧红情绪低落，心情不好，直接影响了写作，为了求得解脱，缓解矛盾，她决定用暂时的离别来弥补裂痕。一九三六年七月十六日萧红离开上海，只身东渡日本。鲁迅携许广平亲自为其饯行，萧红感受到了亲人的关爱，可她还是离开了这块伤心之地！

　　缘尽时，无须挽留，挽留住的只是无尽的惆怅。缘散时，无须伤感，伤感过后只是无边的寂寞。缘分本是生命中的偶然，花开才有花落，有散才能有聚。分开时，不必无谓地翻找昔日的海誓山盟；离别时，不必无谓地重复那许多琐碎的岁月。于是所有的日子都变得轻松，于是所有的负重都变得甘美。

　　萧红强作欢颜，努力忘却三郎的猥琐龌龊，努力去想日本的樱花、和服和发型，那种颇有日本传统特色的谦卑礼节；还有美丽的富士山，应该是富有吸引力的。更重要的是，那里还有一个人，是萧红所有亲人中唯一同父同母的弟弟张秀珂。因为受萧军委屈，萧红特别想念弟弟，这是她执意去日本的缘故。

可是，在萧红东渡日本的时候，弟弟留学日本归来。姐弟俩阴差阳错，这使得萧红在日本形影相吊，一个人的日子愈加孤独。回到老家的张秀珂，瞒着父亲爬火车去上海找姐姐，接待者是萧军。他何曾知道，眼前慷慨大度的男子，像只逐花的黑蝴蝶，到处留情，逼迫姐姐远走异国，伤害姐姐倒有多深！

有些事情，萧红不是不愿意去做，而是望尘莫及；很多东西，她想拥有，却感到力不从心。萧军是她指缝的阳光，看上去是那样的温暖而美好，可她总也抓不住。跋涉在爱的迷途，萧红一直在追寻萧军的脚步，竟然想不起来时的方向。那一路看到的，都是不属于萧红的风景，往事已成沧海，她只能一边辛苦地走，一边艰难地忘。

以前的痛苦不是记不起，今天的痛苦怕也无法忘记。萧红的开心和悲伤，想到的都是同一个人，可是日子并不是那么完美。开心时，有多少人和她分享；然而悲伤时，却只能独自度过。如果过得快乐，自己一人也很好；悲伤，却不是很多人可以和她分担。假若，萧红愿意把悲伤告诉

一个人，那么这个人肯定是她最想亲近和珍惜的人！

海洋上海燕翩飞，什么样的浪漫更真实动人、更惊天动地？萧红看多了烛光晚餐和玫瑰，但她并不为之感动，心不会因爱而生出感恩。眼前这一秒钟的浪漫，朴素平实，却深深地让人向往。如果爱人在面前，萧红希望以她的全部，换得这一秒钟。因为，拥有这样的一秒钟，心是踏实的，爱是可靠的，幸福是掌心里的。

捧一瓣心香，掺杂一份思念，调和成一种缠绵。不去在意，等，是否让自己心酸；不去在意，盼，是否让自己疲倦；不去在意，望，是否让自己泪落枕边；不去在意，三郎还是不是把自己放心间。依然想三郎身边的琐碎，寄一束飘香的花，为的是爱人能够回到自己的身边，把爱再重温。

想象三郎的影像，萧红总想说些什么，却又不知道该说些什么。到底是时间太可怕，还是和爱人之间的感情太脆弱？曾经无话不谈的一对情侣，为什么会落得如此的相对无言？那些曾经的过去，真的如过眼云烟明日黄花了吗？那位冰城才女在异国他乡想念心底的爱人，想念着她的三郎。但是三郎这个男子嫌她烦，犹如唱歌的乌鸦不喜欢别人批评，骄傲的孔雀仇视同类开屏一样。

这人间，注定没有谁是谁的永恒。萧军如此，萧红寒心，她不愿意抱着苍白无力的宣言在路上伤痕累累，让灵魂找不到归宿。相伴一生，只有文字，它记载萧红曾经的记忆。

记忆里，那擦肩而过的熟悉面孔；记忆里，那曾经受伤的痕迹；记忆她没想忘记的过去，似乎在努力找回从前的自己。

其实，爱情平平常常，说穿了，就是男人和女人互相理解，尊重关爱，互相取长补短。故事的场景，永远是家庭与社会；故事的情节，永远不外乎一个男人喜欢上了一个女人或一个女人喜欢上了一个男人；故事的结局，不是悲剧就是喜剧，永远没有中间的道路。而萧红的爱情故事，则是一位姓张的女孩遭情骗，在即将被卖入青楼时，被一位叫三郎的男子搭救。女孩为报恩，在以身相许的日子里，渐渐真爱上了这位男子。可是男子却以屡次的出轨来回报她的深情。

在异国，有时候，萧红会想，人之所以活得累，往往是因为放不下面子来做人。虚荣心无限膨胀，蒙蔽了真实的自我，分不清什么是需要和欲望，把别人眼光当作行为的最高标准，把别人的恭维当作人生的最高奖赏，完全迷失在世俗的琐碎中。把面子拿下来揣在衣兜里，素面朝天，萧红发现原来生活并没那么沉重。

日本是个小而美丽的国家，日本人一方面勤劳勇敢富有奋斗精神，另一方面，凶残顽固，媚强凌弱。萧红从心里不喜欢这个国家，但却到这个国家养病，不仅是为弟弟，重要的是导师曾在这个国家待过。萧红的导师是鲁迅，萧红对鲁迅有一种近乎崇拜神的感觉，这一点，萧红临终的

遗言就是证明。

许广平在回忆录中，说萧红有宿疾，每月一发作，发作时必有三四天卧床不起，如重病一般。想来那宿疾，应是女性痛经，痛经发作了，苦不堪言。痛经并不是每位女性都会有，依个人体质而言。萧红体质差，依据她的才情，一个人独居完全有能力，可是这宿疾让失去父亲庇佑的她，无法独撑，这是她从一个男人飞到另一个男人怀里速度之快的原因。她需要人看护，需要一个安稳的家。

萧红在倔强中进取，为了自由，她从父亲的家逃出来，却因为身体状况，不得不依附男人生存。而命运赋予她的男人，在索取她情感的同时，也在压榨她身体的养分。讽刺的是，萧红如此依赖婚姻，可是害病临终的那一刻，陪伴她的，不是安稳的家庭，不是有责任的丈夫，而是同乡文友、一位普通的友人。这样说，并不是鼓吹女性单身，而是感叹萧红一次又一次对待情感的天真，感叹她的执迷不悟。

一般情况下，男性在情感上是狡猾的狐狸，千方百计哄骗乌鸦口里的肉；进入婚姻则像无知的幼童，收湿晒干全要依赖大人，自己则跑出去疯玩。女性同男性相反，在情感上是无知的孩子，面对甜言蜜语任由男人摆布；进入婚姻里则变成了母亲，琐琐碎碎操心孩子大人的一切。这样说，无非萧红倒了霉，遇到的男人，个个是疯玩的孩子，不喜欢她这位较真的母亲。

一个人的生活，其实很简单、很快乐。只需每天对自己说早安和晚安。想哭的时候就撕心裂肺地哭，笑得的时候就疯狂地笑。一个人吃饭，一个人逛街，不需要为任何人着想，只要自己开心就好。一个人的生活很单纯、很美好，把快乐的一面留给伤自己最深的人。如果这样，萧红在日本的日子，应该是快乐的，可是她并不快乐，这一切同她孤僻的性格、善感的情怀有关。

人生有多种兴趣，萧红不愿将自己的兴趣，强加爱人身上，她会按照三郎的喜好规划生活的蓝图，接近他眼中的风景。爱一个人，就是让对方情感丰富，为对方着想，时时考虑到对方感受，以对方的快乐为快乐，以对方的忧虑为忧虑。这一切，张家女孩能做到，而那位叫三郎的男子能做到吗？

15. 寂寞深深

寂寞这东西，不是孤独时才有，有时它在喧嚣中滋生。萧红不愿意躲避寂寞，它的出现也许会使自己更好地审视自己。寂寞处的思考，总是多些凝练与厚重；寂寞里的拷问，让萧红懂得和自己的灵魂对话。置身寂寞，她可以静心去寻找，寻找来时的方向、去时的路；拥抱寂寞，萧红能够

积攒爆发的力量，如果耐不住寂寞，她就看不到繁华。

萧红少与人接触，无心欣赏异国的风景，自闭封锁的生活，让她的孤独寂寞无处排解。旅居日本，萧红过着寂寞、孤独的日子，但她还是写出了《红的果园》《孤独的生活》《王四的故事》《牛车上》《家族以外的人》，以及诗歌《沙粒》等作品，并在国内的一些刊物上发表。

人生若梦，萧红的梦中有三郎的影子。思念好像一张彩卷，在每一幅记忆的画面上定格。回忆与三郎在一起所有的感受，在不知不觉中就已陷入萧红编织好的情网。曾经想到过离开，可是却很难做到，静静地面对自己的时候，萧红知道自己无法像对待小说情节一样把三郎从记忆中删除，于是，她只好认定他是走入自己生命中的人。

有时候，萧红会想，自己为什么要吊死在一棵树上？如果是为了厮守，那其实一万句话都化作一句话，三郎已经不爱她、不珍惜她了。这一切，只是萧红的感觉，如果有一天三郎开口，阐述众多的理由，就代表他离开她的决心已坚定。萧红黯然，面对这样一个不珍惜自己的人，又何必留恋，继续纠缠只会越来越烦恼、痛苦、悲伤。既然这样，还不如就此放手，长痛不如短痛，给自己一个机会重生。

心底脆弱是人的共性，尤其善感的女子。那裂开的伤口，萧红以为它愈合了，可是阴天就会疼痛。它提醒这位受伤的女子，有些伤口会一直在，有些伤会不易恢复，有些伤其外完好，其里却在流脓。看似没心没肺的人，其实挺易感伤，那伤都压在幽深的心灵底处，外人无法看到也无法触及。碰到一点阳光，碰到一点类似的情节，碰到一点熟悉的背影，甚至碰到一点相同的眉眼，就会不知所措地惊慌躲避。

萧红是位善谈的女子，但她说不过萧军，所以只能选择爱他，让爱人的语言随风飞扬；打不过他，她可以选择爱萧军，让他的怒气痛快发泄；三郎写不过她，她依然选择爱他，让自己的心胸如大海般宽广；恨不起三郎，她依然选择爱他，让自己的恨意慢慢消散；如果哪天这位苦命的女子无法爱三郎了，她依然选择爱他，只希望让这份爱情天长地久。

萧红希望和三郎晚点见面，不需要多久时间，就那么一二年，那时她和他的心境都变好，各人心理都趋向稳定，所有的一切步入正轨。三郎不再青涩年轻气盛，而是一位堂堂的成熟男人；她不再自命不凡，而是只寻求平凡生活的小女子。如果真有那么一天，萧红会否再回到三郎身边，做他们未做完的事情而非一切都被取代？

两个人的心就是一个圆形，因为它的离心率永远是零。萧红对三郎的思念就是一个循环小数，一遍一遍，执迷不悟。两个人就是抛物线，三郎是焦点，萧红是准线，他想她有多深，她念他便有多真。零向量可以有很多方向，却只有一个长度，就像萧红，可以有很多朋友，却只有三郎一个，值得她来守护。

　　漂泊久了，萧红才知道这不叫自由，自由的前提，是帮心灵寻找一个归依；跋涉久了，萧红才懂得什么是辛苦，辛苦不仅是忙碌，更是夜深人静后的寂寞和孤独。每个人都会犯错，萧红深爱着萧军，无论他如何对自己，无论他犯什么错，她都会原谅，甚至为他找理由。一个人若不爱另一个人，可能另一个人说错一句话，就会立刻翻脸。所以，当萧红有一天主动提出分手，不是因为三郎的错，而是因为她不再爱他。原谅这种事，和爱的深浅有关，有多少爱，就有多少原谅。

　　异国的路，很长、很陡，萧红走得很累，她想要放弃，是理所当然，可是，停住了前进的脚步，自己永远到不了前方。想要顺利到达路的巅峰，她只能忍住双脚的累，放宽心中的复杂念头，坚持一步步地往前走，希望快点到达理想的境界。永远牢记一句话：不放弃，方成功。

　　其实，萧红一直想对三郎说出最深情的话语，可是，她不敢，她怕他取笑。于是，这个女子嘲笑自己，把她的秘密在玩笑中，和着花瓶打碎。萧红把自己的痛苦说得轻松，因为她怕三郎这样做。萧红想要对三郎说出最真的话语，只是她不敢，她怕他不信。因此，这个女子以假乱真，终于说出和自己真心相反的话语。

　　萧红选择坚强，不是说她可以抵挡忧伤，她选择成全，不是说她乐意高尚。如果萧红的固守成了三郎的累赘，便违背了爱的初衷；如果萧红的执着让三郎为难，她宁愿将所有的苦难一人承担。放手不是终止，走开不是遗忘。知道否？最难过的不是无缘相守，而是无缘相爱！

"问君能有几多愁，恰似一江春水向东流。"痛苦的相思，引燃别样的寂寞和孤独，颠簸几世的爱恋，终将停歇在离别的画殇。隔海相望，拉开了两人的距离。此岸，一位男子在彼岸，一位女子隔着迷雾向他问好。然而，那男子的脚迹，执意地印在萧红心里，然后漠然离开。

地老天荒的誓言，只能安慰自己，萧红不去捅破那层薄薄的纸。萧红也不去揭开谎言下那层真实的面纱，因为承受不了曲终人散的悲剧。岁月荏苒，奏乐中的凯歌，一直不断地唱响，直到绝唱那日，染着离殇，沉默而别。萧红极力地掩饰悲伤，一个人心里痛，没人懂，也不会有人懂。希望被理解，却没人理解。想要解释，却被认为解释是多余的，而更加被认为是借口。所以，萧红宁愿让不理解的人误会自己。

萧红知道，没有人会对她的快乐负责，快乐得自己寻。不能悲痛，不能忧伤，要把精神寄托别处，过一阵，自己就会习惯新生活。萧红想，世界不可能一成不变，三郎迟早会成熟长大，生活中的失望是难免的。不用诉苦发牢骚，如果这是萧红生活的一部分，她必须若无其事地接受现实。

　　萧红不想把爱情看得多么重要，那个人是谁，有什么资格让自己看重。最想听的，不是他有多动听的甜言蜜语，而是那个人为自己付出多少真情。什么是真情？什么是假意？萧红知道，假如三郎到身边自己就会温暖，而他没有，放浪形骸，依旧一次次让自己心寒。这一切都是命中注定，都是上苍赐的生命礼赞，无论自己喜欢与否也要接受，然后学着明白它们的含意。

　　生命就像分隔在了海的两岸，中间是那平稳如镜的水面，没有固定的位置，只是按着原先预制的航线走去。左岸是一轮照过古人又照今人的月亮，右岸是穿越千山万水依旧纯净的雨。左岸的古月散不开右岸的雨，流失在命运的角落哀婉地鸣叫着朦胧的歌声；右岸的雨洗不尽左岸的朦胧，点点滴滴渗透的都是清心的凉。

　　萧红曾在内心勾勒一个和萧军在一起的画面，想做一份情感的梳理，不管归处将是哪里，都应该在心底留有一份纯真的美好。爱是一种感觉，不爱也是一种感觉，而往往难以抉择的是心中的感觉，到底是爱还是不爱。有一种爱，明明是深爱，却表达不完美。一个人在异国，时日已久，萧红十分孤寂，但是书信来往中，萧军似有悔改，这多少安慰了她一颗思念故国的心！

16 祭奠导师

　　一花一天堂，一草一世界，一树一菩提，一苦一如来，一方一净土，一笑一嗔怨，一念一清净，心似莲花开。在扶桑，一位青年华人女子，突然间梵音高诵，菩提深种。她不再多愁地念及幸福的出处和谁又来过谁又走了。她知道，以后的日子，自己将不再是一个人，肩负着所尊重之人的遗愿，她愿意为此付出所有的努力。

　　一九三六年十月十九日，鲁迅先生在上海逝世。噩耗传到日本，萧红悲痛不已，她给萧军写了一封信，在信中寄托了对导师的深切怀念。萧红不敢相信，从此以后的日子，孤独的灵魂将是无处依托。沧桑红尘里，两颗心有你也有我，轰轰烈烈，挥手间消失了曾经的过往，情何以堪？悲歌不成调，哀曲不成声。

　　萧红无法立时回去，只好用文字来遮挡哀痛。记忆横在心头，化为云，成为雨，不能相见的日子，窗外彻夜的电闪雷鸣，仿佛从那里照到遥远的故国。不再执手相惜，不再呵护完整。一次次心思潮涌，一次次黯然涕泣。流年飞转，萧红回忆和导师相处的那些美好日子，心中苦痛，怎么就消逝得那么快呢？曾经相识文字间，诚心握，文学缘；

如今折花回首，月下心痛，蓦然间，恩师远。

萧红将那离愁别恨酿成一壶陈年苦酒，半夜独饮。曾经的旧事，似冰城的冰凌融化成碎浪，恰似一江春水向东流。数支词，几首曲，遗下柔情万千、温馨几许。忆从前，萧红和萧军闹别扭，总是去鲁迅家里，一待就是半宿。一个孤独的人，天涯漂泊，受了委屈，没有娘家，不去导师家，又去哪里呢？鲁迅先生的家而今开满紫罗，伴随着紫色被萧红绘入了遥远的记忆！

萧红知道，今生与恩师相遇前，她曾寻遍万里红尘阡陌，只是时运不济，磨难重重。长亭花落，也落不尽她的红颜白发，九九重阳，望穿别离天，曾见上海滩，滩前苍苍知遇缘。岁月忽晚，对暮时烟，物事境迁。才下眉头，又上心间，眉心窗烛染，匆匆韶华易去不易返。

萧红如九天瑶池仙子，远离尘世嚣烟，不通人情世故，却易念旧，难离恩师故友。导师的曾经教诲，给了萧红五彩缤纷的梦，梦里彩虹纷飞。柔和的细风，蔚蓝的天空，这一切化成梦，破碎在漂洋传来的噩耗中。心的泪无处诉说，梦未醒，那一种情愫如昙花一现，黑夜悄然绽放，一刹那芳踪难觅。

梦中，萧红要求恩师不要走。恩师说的话，萧红不懂，萧红也不想懂。或许她和他，是那错过的班车，轰轰烈烈、浩浩荡荡，在心与心的交集下，昙花一现的缘分，拯救了她的人生方向。如今，恩师给的梦，被冰封，唤不醒那青春的悸动，梦醒了，只剩下一片灰色的天空。

月下，流萤漫天，曾经的未来，前程苍茫。翩翩华年，繁花似锦，流连徒剩下眉敛，淡了心愿，忘了教诲。夜谈红尘里，萧红忆从前，转眼恩师走远。曾记得凉凉的深秋，江南那场分明是萧红眼泪的雨，滴滴洒落在心扉。上海滩一个个夜晚独自徘徊，是谁陪伴委屈的小女子，告诉她人生没有破灭的光明与希望。

萧红知道，恩师心中有她存在的痕迹，她要呵护那些记忆，不要成为埋葬永恒爱的废墟。怀里箜篌声声断肠，纵使相知难相逢。红尘泪，落无边，阴阳相隔，奈何擦肩。天上人间，低眉拨弦琴音遥，凝眸泪眼念恩师。往昔别，翻书几页，墨迹几篇，谁把红尘都唱却？眼眸处，泪似那弱水三千，流不尽，谁在拈花笑尘世？

半生恍恍惚惚，想念朝朝暮暮。念往昔，萧红情愿灵魂追随恩师而去，刹那芳华为那一瞬，奈何往事已成空，生死相隔，从此不相逢。何时起，萧红怕看镜中的自己，怕看自己的文章和日记，怕看自己和导师走过的那段时光。夜夜神游，迷蝶翩然而远，独坐扶桑夜阑，恍若月似故国，恍若人已非然。昨夜青丝，转眼成霜，任他玉座凋朱颜，痛哭一场！

萧红以为，一卷红尘便可以定格今生的相遇，明媚所有

的朝朝暮暮。是否能圆一生所求？萧红心比天高，渴望那种执着，那种抵达，从眼睛到心灵的知己，直到红尘幽处。奈何心愿难圆，今世劫难深重，转身成陌。所有思念的香，一转眼就飘远到了隔世。流年易逝，这样的日子，萧红怎样挨到最后，挨到陌生，挨到前生今世，将心愿流放，默念恩师的名！

　　一九三七年一月，萧红从日本回国，到上海后便去万国公墓拜谒鲁迅先生的墓，表达哀思。三月，她写下了《拜墓诗——为鲁迅先生》，发表在四月二十三日的《文艺》上。一捧甘甜的泉水被小心翼翼地捧起，泉水里倒映着七彩斑斓的阳光的时候，萧红的心会滋生一种情愫。一个人内心的痛，没人懂，也不会有人懂。

　　在鲁迅先生墓前，萧红似乎听到恩师的谆谆告诫，人在旅途，不要什么都扛着，什么都放不下。再芬香的花朵也要凋谢，再茂密的森林也要落叶，再潋滟的河流也要归入大海，再温暖的太阳也要西下，再娇娆的姑娘也会老去，有什么是我们能够永远拥有的呢？就是坚持拥有到了终点，最终也还是要放下，也还是要丢给后来人接续。

　　萧红似乎听鲁迅讲过，如果要自己烧开水，生火到一半时发现柴不够，应该怎么办？是去找，还是去借，去买？鲁迅说，为什么不把壶里的水倒掉一些呢，世事总不能万般如意，有舍才有得。人生的许多寻找，不在于千山万水，而在于咫尺之内。当一个人完成了原始积累，完成了谋生，那么就要想，怎样让自己过得更舒适。环境上的、生理上的、心理上的，不必要承受那么大的压力。是否要去赚那么多钱，是否要去争那么多的利？

萧红想做寻常女子，拥有三五好友和一位痴情爱人，眉目清秀，听阡陌街巷流行的歌，看老少皆宜的剧，买少量首饰，穿舒适衣裤，披好看的衣服，化少许的淡妆，说得体的话语，有自己的生活圈子。萧红记住恩师的话，不管什么时候，她的心都不会变。对世界有质疑，但凡俗往来总能寻见真情。恩师说，不偏颇矛盾，不低微脆弱；不向盲目索取，不事事推敲。

微风兮，星儿闪，轻轻自语。满腹思念，凝成碎片，让多愁善感的心绪在指尖下静静地流淌。烛尽香残，红尘万丈多少师生忘年，胜过地老天荒的情缘，唯剩那一页页文集的遗言。萧红不知道，因为这份眷恋的残缺，所以这个故事才变得如此凄美，让人难以忘怀、难以割舍。

面对静静的墓碑，萧红萧军陪伴许广平母子在鲁迅的遗像前合影。萧红有时会想，一个人最好的样子就是平静一点，哪怕一个人生活，穿越一个又一个城市，走过一条又一条街道，仰望一片又一片天空，见证一次又一次别离。然后当恩师在梦中质疑的时候，她问心无愧地说，虽然每一步都走得艰难，但萧红从来不曾退缩过。

　　一个人你看了一辈子，却忽略了一辈子。一个人你看了一眼，却影响了一生。很多时候，萧红疑惑自己爱上了导师，可是很快就否决了这种想法。很多时候，两个人相爱，水月镜花，无法在一起。很多时候，爱一个人岂在朝朝暮暮，拿得起，也必须放得下。

　　生命四季，我们身边的人来了去了，留下或长或短的记忆，最后都慢慢消失在岁月的褶皱里。时间在变迁，情感在离合，我们渐渐习惯了淡视云起云落，静看花开花谢。人生的很多时候是悄无声息的，有些风景错过了还会再来，有些人肉身离开了魂灵长留心头，其精神我们值得倾情珍藏，用心珍惜。

17. 叶叶心心

　　萧红和普通女子一样，情感简单，不顾一切追求幸福，不在乎流言蜚语，不在乎名誉地位，不在乎异样眼神。她会伤心时痛哭，会放下骄傲乞求心爱的人回头，会痴痴等待，会幻想和他还能走到一起。给她想要的，她就会可爱地笑；给她想要的，她就会肆无忌惮地展示自己的幸福。可是，三郎没有，自始至终都没有，这让萧红的梦破灭了。

　　萧红回国后，不仅带着对恩师的思念，还带着一颗希冀和三郎复合的心。可是屡教不改的三郎，此时又和一位有夫之妇发生了关系。这次不是自作多情、单相思，而是男欢女爱、流水落花均有意，两人共同创纪录记了这笔偷情史。这次萧红被打击得支离破碎，因为那和三郎偷情的女子及其丈夫都是她和萧军的朋友，她说不出讲不出，就像吐不出丝的蚕，痛苦得无以复加。

　　有时萧红会想，当初为少女时，追逐的人并不多，可她依然注意自身形象、珍惜友谊，别人稍有驻足、回眸，她就会感动，即使那人差劲。那时想象有朝一日，自己有了大的改观，境界一下全变，追逐的人多了，自己会不会养成高傲的习惯？若是那样，自己肯定觉得别人不顺眼，很烦，即使那人优秀。现在想来，这一切是多么可笑，是多么大的讽刺？

　　独处可以放飞自己的心灵，萧红什么都可以想，什么都可以不想。一人独处，静美随之而来，清灵随之而来，温馨随之而来。一人独处的时候，贫穷也富有，寂寞也温柔。独处，萧红感受一份清灵，让心儿随着自己无边的思绪飘飞。此时，这个世界属于她，她也拥有了整个世界，纷扰喧嚣的世界，独处是一种享受。

　　当绿草漫过山岗，蔷薇红遍栅栏的时候，出走的萧红，开始想念三郎；当月光洒落湖面，蛙声跃入水中的时候，

她想念他；当秋风拂过耳畔，落叶走过街道的时候，她依然想念他；当时间停住脚步，雪花飘进梦中的时候，她还在想念他。每一季节，都是想念他的季节；每一个日子，都是想念三郎的日子。

可是深夜静寂，萧红想起三郎所做的那些荒唐事，心又像针扎一样难受。此时，不知道三郎是否和她一样无法入眠。他在想些什么？每个人心里都有那么一段故事，或许他有什么难言的心事，无法述说，只能放任那些欲望对己倾诉。其实，很多故事不必说给每个人听，就当作是一段记忆，伤感也很美丽。人，总是要醒来的，即使在某个时刻。

萧红在意三郎，三郎似乎也在意她，对自己做的错事，不住地忏悔，千思万念，可是当两人见面时，却彼此安之若素。萧军爱不爱萧红？萧红不知，她以为不爱，哭着转身，却回头看他。三郎还在那儿，萧红多希望他在看她。自己所有的努力都是为了他。然而，努力着努力着就远离了，不掉眼泪，也不感觉他可爱了。萧红知道为自己奔跑，每一次心碎，每一次挥泪，都使自己强大。当自己强大了，她才会遇到比他更强大的，譬如导师。

有时候，萧红好想拥有体育健儿那充满力量的身体，向极限挑战的英姿，无数日日夜夜的苦练厚积了能量的释放，坚贞不渝的情怀铸造永不言败的刚毅，这样，自己就少拥有病痛和磨难，就少拥有被抛弃的苦痛和危险。萧红的一

生是不向命运低头，在苦难中挣扎、抗争的一生，应该说
直接影响其命运并引发她开始文学创作的是萧军的出现。
她对萧军怀有知遇之恩，这是她对他一直痴心不改的原因。

在萧红看来，爱情，就像在海滩捡石子，捡到自己喜欢、
适合自己的，就不再去另捡了，因为懂得珍惜才知道什么
叫幸福。纵然自己捡到的石子不是想象的那么完美，但是
已经捡了，她不愿意随便丢弃，磕磕碰碰、分分合合，她
想把它打磨成自己喜欢的样子。可是萧军这颗石子，如此
难以打磨，如此顽固不化，如此让她一次次失望！

失望中，萧红喜欢躲在角落默想过去，即使回忆是一种
自虐，像罂粟花儿娇美却含毒。萧红知道，自己的那些过
往并不美，不但不美，分明就是魔鬼狰狞的面孔向现在示威。
可是她的目光又向哪里移？一种倔强之美，不代表内里的
脆弱，那是一种无法抗拒的诱惑，深陷其中不得不触碰。
一旦触碰必定上瘾，纵使心痛，伤痕累累，又有什么理由
责怪自己，回忆总会使自己遍体鳞伤！

一九三七年四月，萧红至北平，与老朋友李洁吾、舒群
重逢。据说萧红和李洁吾见面拥抱引起李妻生疑，这件事让
萧红似有所悟。在北平住不多久，回到上海，她和萧军的
关系也因此有所好转，并积极帮助萧军为《鲁迅先生纪念集》
选编，做资料收集工作。

在萧红眼里，只要三郎能悔改，她就会原谅他。一个女

子拥有如此的胸怀，那是因为她爱他。每个夜晚，每次的笑与哭，都是因为爱人。爱人在哪儿，光就在哪儿。无论面对什么困难，萧红想到的都只是和爱人在一起。爱人走了，她的心也走了。很多人很多人，再耀眼又怎样？不能成为情侣，不能成为爱人，一个人零落孤单，那份花开的美丽又是为了谁？一个人的幸福是因为爱情；一个人的悲伤是因为爱情。纷乱人世，除了爱情，一切都是背景。

很多时候，萧红愿意活给别人看，也在模仿着别人怎样活。常常的，她努力给自己戴上面具，哪怕心里很苦很累，面具上镶嵌的依旧是笑容。可是，萧红每次看到别人脸上的笑意，总以为别人也戴着面具，这让她怀疑这世间的虚伪；这让她意识到，幸福是自己的，永远不要拿别人来做参照，别人做不了自己。

很多时候，萧红希望三郎懂自己，她总以为，情侣之间不分彼此，情侣之间没有自我。可是她不知道，萧军只是普通的平庸男子，他不是那无才可补苍天的玉，他不是那灌愁河岸浇花的神瑛侍者，纵然她是世外寂寞林的绛珠草，纵然她是多愁善感的林黛玉，他也不会是温柔细致的神瑛侍者贾宝玉，纵使他知道她走过的路，他也不会有这份耐心陪伴着她对花溅泪对鸟惊心。

萧红内心真正的平静，不是避开车马喧嚣，而是想在心中修篱种菊。尽管伤痛往事，每一次回忆都芒刺在背，她也要努力消除执念，这样方可寂静安然。如果可以，萧红愿意预支时光，哪怕穿越时空路途遥远，在将来的一天加倍偿还，也不愿错过。雨季过去，西天的那一轮彩虹，无从知晓。萧红知道，三郎安好，便是晴天。

一九三七年七月七日，爆发了震惊世界的"卢沟桥事变"。八月十三日，日军大举进攻上海。在上海抗战期间，萧红、萧军不顾危险，积极热心地帮助日本进步作家鹿地亘夫妇躲过特务机关搜捕，保护他们安全转移，脱离险境。

萧红自知是小人物，不会奢望大目标。多数的困境不一定是绝境，多数的爱情不一定是幸福。在最艰难的时候，萧红不熄灭心中残存的梦想，不因高压而低头，不因失望而灰心，不因挫败而止步。只要她铆在一个地方坚守，总会在某个不经意的瞬间，撞开离自己最近的那扇门。萧红希望能够和萧军在浮华中澄清，在物欲中沉淀，在暗夜中期待黎明。

如果有一天，萧红可以放下萧军；如果有一天，萧红不会再对萧军碎语啰嗦；如果有一天，萧红可以对萧军说你好；如果有一天，无论在哪里，提及萧军的消息，萧红都只是笑笑，心里没有一点涟漪。那么就可以说明，萧红已经不爱萧军了，她可以大声地对全世界宣言，关于三郎的点滴将从此与她毫无关系。

雨天，是萧红的痛苦，也是萧红的幸福，每天和三郎回

家共撑一把伞。是她叮嘱三郎天冷了注意添衣别感冒；是
她的手第一次被他牵时的脸红；是她说牵牛花不绝望时的
坚定；是她拥抱三郎脖项时的微笑。萧红那充满磨难的青
春没有遗憾，最美好的年纪有幸遇到心爱的人陪伴走过。
萧军在萧红最黑暗的人生时期给了她最美好的回忆，这足
够她用一生的时间来相思和感激。

18. 与君分手

　　世间男女被爱情左右，萧红深爱萧军，却遭到对方冷遇，
怀疑三郎不爱自己，烦恼至极，只得独自远行。离开后，
身边不乏追求者，怕失去对方，却不给爱情一丝吹风的机会。
风吹走了爱情，风吹灭了摇摆不定的烛光，却吹不熄爱情
生发的空间。星星之火可以燎原，爱情之火呢，却愈吹愈远。

　　一九三七年九月二十八日，萧红、萧军与上海的一些文
化人撤往武汉，在那里，和从东北各地流亡而来的作家舒
群、白朗等相聚。此时，他们结识了著名青年诗人蒋锡金，
住进他在武昌水陆前街小金龙巷 25 号的寓所。不久，东北
籍青年作家端木蕻良也搬来与他们同住。

　　爱情如此仓促，萧红不愿有太多的犹豫，是自己的就牢

牢地抓住它，不是自己的强求也没用。不必有太多的期待，残缺也许是爱情的本质；不必有太多的仰望，不平等是一种最远的距离；不必有太多的倔强，别把时间浪费在不值得爱的人身上；不必有太多的负荷，重压下的爱情会无声地窒息。爱情就是爱的心情，哪怕不够甜蜜，但一定要快乐。

有时候，萧红会想，有一天自己消失了，谁会思念寻找她呢？也许，这辈子，自己永远不会遇到这样的人；今生，永远不会有人真心为她落泪。但有一点，那些在自己消失，思念寻找她的人，才是真正关心、真正要找她的人。但这个人绝对不会是萧军，不然，在她东渡扶桑时，三郎发表的《为了爱的缘故》一文中的女主人公，怎么如此陌生呢？好像从开始到现在，萧军都是在容忍她。到底是谁容忍谁呢？萧红不明白。

萧红忍受萧军的凌辱，已到极限；萧军不耐烦萧红的多愁善感。他们都不肯承认自己的错误，所以，无论他们拥有多么高深的理论，思想终没有达到和谐统一。有谁说过，发现自己的错误，就是开悟，发现世间共有的缺点就是大度，萧红不知道，世界上没有完美，一件事上想开了，想通了，就是完美。

萧红想找个人说话，却发现有些事情不能告诉别人，有些事情不必告诉别人，有些事情没办法告诉别人，有些事情即使告诉了别人，自己也会马上后悔。萧红想，最好的办法，

就是静下来，能使自己真正平静的只有自己。萧红备感孤独、
凄凉，她怀着三郎的孩子，她怀着强烈的自尊，在自己心
理脆弱的时候，却依赖不了孩子的父亲。

萧红会在不设防的时候喜欢上某个人，没什么原因，也
许只是一个温和的笑容，一句关切的问候。可以相闻不相识，
可以志趣不相投，可以思想不在同一高度，萧红就这样牢
牢地被另一个人吸引了。这个人就是东北籍青年作家端木
蕻良，他着实欣赏萧红的文才。对于萧红来说，冥冥中该
来则来，无处可逃，就好像喜欢一首歌，往往因为一段旋
律或一句入耳的歌词，喜欢或讨厌，那是一瞬间的事。

萧红不是见异思迁，问题是，三郎伤了她的自尊心。在
去延安的意见上，双萧分歧严重，那不是一般的严重。萧
红作为妻子规劝丈夫想做最后感情的挽留。可是萧军态度
粗暴、出言不逊，话语如此的恶毒。萧红此时才明白，萧
军从开始只把她当作奴隶、女佣、泄欲工具，或者需要保
护的一名弱者，眉眼心里从没把她当作合法妻子。萧红知道，
自己一次次介意萧军的外遇，早已被他视作不耐烦。

萧红认为，一位作家写劳苦大众的作品，在哪儿都能写，
不一定非要到延安或前线去。萧军则认为，自己五大三粗，
浑身有使不完的精力，整天蜷伏在小屋握笔杆子，太屈才。
萧军想到前线打仗，萧红是位柔弱女性，她的身体和精力
只容自己过相夫教子的安稳日子。双萧之间的价值观不同，

两人的矛盾在这儿得到了激化。

萧红想以一种淡淡的心情去面对三郎，无论他看重不看重自己，总是忘不了。无论多大风多大雨，只要他来，自己就去接迎，可是三郎总也不来，自己似要等得绝望。仿佛永远分离，又似乎终身相依，仿佛如谁说的，把含着泪的三百篇诗，写在云淡风轻的天上。

有时，萧红听到一首歌，会突然想起远去的三郎；有时，走过熟悉的街角，萧红会突然想起导师的面容；有时，萧红莫名地伤感，一个人静静地发呆；有时，萧红心里有很多话，无奈周围许多误会的眼睛，不知道向谁表达；有时，萧红发现自己一夜成熟，突然不认识自己，把自己丢了。萧红想善待自己，丢了的自己，她在努力找回。

失去亲人，失去朋友，萧红知道，不小心的时候，也许会失掉自己。有许多时候，直观上看是悲悯的，实际上很多事情，当面对的时候是无法抗拒的。萧红对待爱人，愿意遵循自然法则，在一往无前的心境中，去抚平自己那颗不安分的心，努力留下一份清凉，一份快乐，在激情燃烧的岁月里，去追寻过往不曾弥补的遗憾！

萧红明知道爱情伤人，却像扑火的飞蛾，一往无前地奔光而去。不是她离不开爱情，而是她需要爱情。但是乞求来的爱情不昂贵，明明相爱，却得不到珍惜。被卑贱地丢弃，或者说，三郎的爱一去不归，再也捡不回来。那虚无

的爱情，望着，却不可以拥抱；想着，却不可以拥有；走着，却不可以同步；说着，却不可以对望。哪怕用尽一生的力气，透支一辈子的幸运，一直都无法靠近对方的心，也许还要面对死亡一天天临近。

两个人，说是不在乎对方，却依然藕断丝连，至死，萧红都在思念三郎。这两个人，明明萧红被萧军伤得深入骨髓，却总是无条件地相信他。这两个人，萧军的开心与难过，却总是被萧红牵绊着。这两个人，明明说要忘记，却总是在不经意之间就想起。这两个人天各一方，却注定此生会相遇、相知，差点一辈子。

曾经，萧红愿意为萧军付出深情，但决不愿拖累他的脚步。那时萧红就想，若是有一天，萧军厌倦了她，那么，自己可以放手，还他一个自由，这不需任何理由。萧红不止思想一夜，她已做好准备，接受三郎带给她的伤害，带给她无情的一切，好的，或坏的。萧红心中的爱只为感觉而存在。

人生中一道道门槛，萧红知道，迈过了就是门，迈不过就是"坎"。有些事情很无奈，有些事情很无助，有些事情让人很无语。萧红知道，不管遇到怎样的艰难，能否挺过去，取决于有无信心。换个角度看问题，结果可能不一样，萧红努力让自己阳光起来，毛毛虫的世界末日，恰恰是蝴蝶破蛹而出的时刻。

萧红用自己的全部，换取一条通往三郎心里的路，无奈一路山重水复，她听不到他那颗心的跳动。望着三郎远远的模糊背影，萧红只能隐隐无泪地哭。她悲伤这善变的爱情，曾经双萧站在文坛的梧桐树上共奏吹箫，最后跌入这冰窖情窟的唯有萧红。曾经，他和她前世无因，来生无缘，今生又错过相守。谁来度她，萧红不知道，谁会成为她终生爱情的劫！

有些东西，萧红可以计较，但不可以过分，她知道，多了会磨损心性，沉重自己的步履。萧红心中苦痛，曾经劝三郎，可以沉浸，但别太久，时间久了，会消减斗志，迷失方向。曾经她劝三郎，不属于自己的，不要拒绝放弃，那其实是一种胸襟与气度；与自己有缘的，不要轻易放手，让自信和坚持成为一种品质和内涵。曾经她劝三郎，在意多了，乐趣就少了；看得淡了，一切皆释然。可惜萧红的告诫，全被萧军当成了琐碎的唠叨。

如果可以，萧红愿意把对萧军的祝福，透过文字在指尖上温柔地绽放。如果可以，萧红愿意把和萧军的相识当成一种传奇，在茫茫人海里，将他们的名字定格那一瞬相依相偎。萧红依然记得那些过往感动人的情节，一个人总是下意识地靠近愿意对自己亲近的人。在萧红的记忆里，曾救她于水火的三郎，世界虽大，相知虽难，却含了情谊。

萧红是花，萧军是水。流水无情，落花有意，风吹花散

去。如果花被水遗忘，流失落在水里的回忆，请一定记得水里有花曾经的倒影。如果水淡忘花，淡忘掺杂苦甜的过往，也请水不要忘记，那曾经愿意随它飘零天尽头的花瓣。待风停叶落，流水落花回到原点，从此萧红萧军各奔天涯。

一九三七年，萧红返回上海。抗日战争爆发，上海成为"孤岛"后，萧红应李公朴之约，于次年初到山西民族革命大学教书，其后正式和萧军分手。

19 都为情伤

萧红和萧军分手一个月后，即一九三八年五月，就与东北籍青年作家端木蕻良回到武汉踏上红地毯。她并不爱端木蕻良，接受他的理由，是端木给予她尊重，给予她承诺，给予她从前在萧军那儿得不到的高贵婚礼。小小的婚礼仪式不值钱，却是普天下女子梦寐以求的金色光环！何况萧红怀着萧军的孩子，被一位金童无条件地容纳，换作任何一位走投无路的柔弱女子，都会是一种感动！

爱一个人，要了解，也要开解；要道歉，也要道谢。萧红做错了会认错，也会改错，但她希望端木体贴也体谅她。她不知道，端木会不会接受，能否忍受，是否怀着宽容的心，不是纵容她，而是支持。夫妻之间是倾诉，而不是控诉；是彼此交流，而不是凡事交代；是为对方祈求，而不是向对方诸多要求；两个人相亲相爱，可以浪漫，但不会浪费；可以随时牵手，但不要随便分手。这种境界，是萧红想要的，也是她对婚姻的理想。

从开始，萧红是真心实意嫁给端木的，她不企望端木比萧军有才华，只希望拥有一个安稳的家，让自己柔弱的身体有依靠，让自己漂泊的灵魂有归依。萧红不企望跟端木富贵荣华，只希望拥有普通老百姓那样你敬我爱的夫妻生活。拥有温暖的小家，渴了有水，饿了有饭，冷了有衣，夫妻之间不许不忠，这是萧红期盼的，她决不允许端木像萧军那样"爱就爱，不爱就走开"，这样的爱情理论，她深深地怕。

被一个人吸引，是让人迅速成长的捷径。萧红对待端木就像对待萧军那样，关心着他，为他的未来考虑，为共同的幸福打算。现在的他们，谈不上未来。萧红始终不说，怀着萧军的孩子，她背负不起爱情这个沉重的字眼；而端木，亦是没成熟的孩子，从没有考虑过怎样给她温柔、给她爱。在萧红有孕的日子里，他们分居，表面上是夫妻，实际上乃是两个毫不相干的个体。这样也好，彼此祝福，偶尔挂念。

如果有一天，萧红变得冷漠，端木会不会记得，曾经她需要人陪时他都只说忙。如果有一天，萧红变得伤心欲绝，端木会不会想到，曾经他并没把她放在心里。如果有一天，

萧红感觉孤独幽闭，请记得那是曾经没人愿意聆听她的心事；如果有一天，善谈的萧红不再对端木言笑，请记得那是他们之间筑起了一道思想的鸿沟。

萧红遇见端木一分钟，一见钟情一分钟，牵挂他一分钟，爱上他也是一分钟。据说萧红爱萧军也是一分钟，但分手只是一秒钟。实际上，幸福不可能只有一分钟，一辈子不会只有一分钟，相爱也不会只有一分钟，生活更不会只有一分钟，心痛不可能只有一分钟，忘记一个人更不可能只需一分钟。

苍茫人间，那一千年一季花开，萧红和端木相识，虽没有三郎的刻骨铭心，却也是烽火连天，秋风萧瑟；他俩相知，虽不是萧军的挪亚方舟，却也是金秋十月，烽火硝烟。他俩相爱千不该万不该鬼使神差，不曾想，于那下雨的冬季，冷寒的日子里，短促的相守，从此天上人间，各自天涯。终不知，这是一次美好的际遇，还是一次错误的邂逅。若知结局，何必当初，若有当初，何必分离。

萧红莫名地感到怯意，和端木成婚，她害怕什么呢？端木愿意爱她，就让他爱，送上门的玫瑰，为什么不接受呢？对于端木的求婚，萧红一直在考虑。这世界上，自己被别人爱，不会受到伤害；只有自己爱上别人，才会饱受苦痛，令人伤心。所以，萧红学聪明了，她放心大胆地让端木爱，而自己则小心谨慎地反馈这份爱。有谁说过，爱上一个人，就是给予他伤害你的权利。

对于未来，萧红总想设计得完美，可是再好的规划，在执行的过程中，难免偏离轨道。这是萧红没料到的，她的心理与年龄不相符，很多事情，都不是原来想象的样子。有谁说过，人生无须太多的准备，上帝给了人类腿与脚，就是让人不停地前行。何必瞻前顾后，何必举棋不定，何必裹足不前。萧红以为，如果义无反顾，也许会得到更多。

萧红在情感上始终是脆弱无助的，和萧军做夫妻被当作附属品没有独立的人格，这促使她情感转移。萧红本以为端木能给予她幸福的未来，可是嫁他后，她发现她错了，男人的本质都是一样的。萧红的心灵单纯而又好胜，怀着一个男人的孩子嫁给另一个男人，她在送自己入痛苦深渊的那一刻，同时也伤害了另一个男人。这个不通人情世故的纯真女子，怀着争强好胜的心，如颦儿焚稿一般，至临死的那一刻，仍是不甘。

萧红和端木成婚后，因为有孕，两人并未住一起。端木不愿留在萧红身边，计划着去做战地记者。谁都知道，他介怀她肚子里的孩子。租来的房子，怀孕的女子一个人独居，谁能体会这其中的滋味？萧红一个人上街，一个人吃饭，一个人蹒跚着来去匆匆，一个人深夜听着窗外寒风呼啸的声音，一个人忍受腹内胎动的不安。

时光间隙，泪光晶莹中，想要留住它，却又稍纵即逝，萧红留下永远的遗憾。多年后，蓦然回首，端木是否发现，

因为这段鲜明的记忆，即便有一万个爱的理由，萧红也要等到山无棱、天地合，才能重新和他开始。当风抚过爱的流沙，经历过淘洗、晾晒与风化之后，再试图将它们捧回掌心，曾经放手的人怎么还配拥有？

萧红是如此善良，为端木抄稿，为端木端洗脚水，为端木洗衣，有许多事她想为端木做，有许多话她想对端木说。但是萧红会记住，荒凉的码头，一个大肚子女子栽倒在甲板上，爬了半天，才被过路的人扶起，在她需要端木的时候，端木总不在身边。但萧红从未害怕过，一个有孕的女子，在没有丈夫的世界里，纵然孤独寂寞，纵然面对无望的未来，但是此时，她身体的病痛需要一个家，和端木婚后的日子，不是天堂也是天堂。

两个人之间的承诺，若有一方不信守，那是无可奈何。萧红疑惑，为什么端木不守承诺，当初的信誓旦旦，是端木忘了，还是他办不到？自己不想声嘶力竭地去提醒他。萧红内心隐隐地感到，不是端木做不到，而是他不想做。当一个人的心已远去，自己何必再追赶？端木说过不会离开萧红，要照顾她一辈子，他说过又怎样？有过承诺的爱，比未有过承诺的完美，执意地去追讨，终久毫无意义。

萧红并不坚强，只是对端木的失望，让她变得沉默了。曾经，她是多么健谈的人儿，她并不快乐，只是重重心事掩藏了而已。穿梭在苍茫人流中，心无所依，追逐累了，一切才看得淡；泪流尽了，心结才解得开。可是这一切没意义。有些痛，没人懂，只能自己伪装着，然后孤独地前行。萧红得到的，失去的，都是她一个人，没人分享，别人也分享不了。

一九三八年，日军逼近武汉时，端木蕻良逃去了重庆。萧红独自辗转于汉口、重庆、江津之间，年底，她在江津朋友白朗家生下一子，孩子出生不久即夭亡。萧军的孩子没有保住，萧红擦干了眼泪，此时她已心灰意冷，但仍然赶往重庆寻找端木，毕竟那是她名义上的爱人。再艰难的事情都有一个结束，再美好的感觉都有一个开始，萧红想给爱人一次机会。

萧红好想和爱人相亲相爱、品味世间的无忧，可是见到端木，见他慌乱一瞥，最终还是没看清模样。不知是愧疚，还是心虚，端木有点拘束，想抬手给她理那微乱的发丝，最终却只整了整自己的衣襟。时光飞快地流逝，伸手去挽，却不能。爱得太勉强，无论多美好也不幸福。

萧红的悲凉自不用说，曾经记得《时有女子》中有一句话："我一生渴望被人收藏好，妥善安放，细心保存。免我惊，免我苦，免我四下流离，免我无枝可依。"这是天下女子的梦想，萧红应当知道，真正能等到那样男人的女子并不多。

第四卷

多少事，欲语还休

　　凡尘女子谁不渴望"男耕女
织"的爱情？只是她选错了人，
他除了给她一个"婚礼"的幻梦，
实在不及三郎的担当与大气。病
榻前的孤独，注定她千古的凄凉！

20. 远赴香港

人生很长也很短。萧红怕失败更怕遗憾,她要为此而努力。她想,若是老了回想起来,总有一个回忆能让上扬的青春,泛起绚丽的火花。她想,再不努力,就老了;再不做梦,生命就没了。比起失败,萧红更害怕遗憾,她是梦想主义者,离群索居,情愿过自由自在的生活,可是真的自由起来,她却感伤了,为着难以排解的孤独。

一九三九年萧红与端木正式同居,这之后,她的人生选择和文学观,渐渐偏离了左翼作家联盟圈,颇受圈内人士的不满与批评。萧红的人生选择和她的文笔一样不仅与那个时代的女作家不同,也和那个时代的政治立场不同。萧红经历重重磨难,这使她愈来愈易感伤,她的人生际遇似乎每一步都是在营造多愁善感的气氛。

一个人失去朋友,其内心是悲哀苍凉的。一九四〇年,萧红和端木蕻良离开重庆去香港办《时代批评》刊物。时光从来不挽留什么,无论萧红有多么不舍。唯一可以把握的,只有现在。那些过去的美丽永远地过去,过不去的,只有自己的心。萧红只所以如此,是因为那颗心还如当年,保留对生活最初的期待。她的心态没变,一直坚定对生命的热爱。

现实对萧红来说，是根狠狠的毒刺，刺伤了待放的蓓蕾，破灭美妙的梦境，也溃烂无处安放的情感。再深刻的铭记，再深情的诺言，再深切的关怀，终究抵不过一声分手。太多的事故变成故事，太多的故事变成事故，不是萧红已把它忘记，而是不想再提起。千年共枕，百年同渡，一万年太久，总有人一路走，一路丢。在流浪的世界里漂泊，萧红背对着记忆渐行渐远。

一切都在寻觅、平静中来到新年面前，萧红抱着自己的双腿，安静地坐在沙发的角落里，思忖着这一年是否幸福。想着在呼吸空气的缝隙里，无处不镶嵌着失败和遗憾，快乐似乎只有点滴，萧红内心不平衡。她的快乐很少，少得只有自己能感受得到，少得要小心翼翼地保存，少得谁也不稀罕、不羡慕。幸福，在萧红的新婚中占的指数极低。

日复一日，年复一年，萧红淡忘了原初的伤疤，只是回想起来，一丝痛楚依然在脑海里残留，历久不散。曾经挚爱的人转眼成陌路，那份爱已随风远逝，说是可以忘记，可生活就像表演，不经意的相遇，看着那远去的背影，仿若昔昔在脑海飘动，萧红的伤难以言明。

忧伤如烟似梦，漫漫浸润那支离破碎的心，在苦苦的追寻中，萧红始终寻不到答案。为什么三郎像风一样飘远，无情地抛下她，如迷路的落叶，在天空凌乱地飞舞。迷失方向的她，挣扎过后飘落大地，残留一地的忧伤，很美，

但美得太过凄凉。当时，有谁理会萧红哀戚的双眸？没有人会懂她，特别是身边的端木。

萧红的婚姻就像一栋新房子，刚搬进去时，想重新开始，想把它装饰得富丽堂皇、想象中的绝美，想要把所有的家具和装饰摆在最显眼、最重要的地方。最后却发现这个家摆得像胡同一样，家具压迫得人喘不过气，自己住得并不舒服。为了活命，萧红想要舍弃或丢弃一些不需要的东西。

为了最终适应和融入端木的生活，萧红经历了一条愚昧而无知的道路。为了端木，萧红与不喜欢的陌生东西打交道，强行剥夺自己、压抑自己。萧红以为有了爱人，就有了幸福；有了婚姻，就有了幸福的保障。婚姻是女人的事业，女人一生都在为其奋斗。为了达到那名不副实的地位，为了做位好妻子、好爱人，为了保住自己失而复得的幸福，萧红不顾危险，走一条崎岖羊肠，要演绎她一生中命定的悲剧！

萧红对婚姻抱有很大的期望，她不知和端木结合是对是错。但不管是对是错，既然结合了，她只想好好地和端木一起生活，一起等太阳出来。没有水，端木是她的水。没有粮食，端木是她的粮食。萧红相信有一位神，始终在保佑着她，不然，三郎弃了她，为何马上就出现个端木？那时，端木狂热地追求她，他用执着触动了萧红身体中那根柔软的弦！

在萧红的想象中，爱人在水中央，她在岸边观望。爱人眼里有她，她心里眼里全是爱人。爱人看着岸边属于她的

风景；萧红看着水中有爱人的倒影。静静地沉醉，傻傻地
观望！有朝一日，两个人都老了，老得一个人坐在轮椅上，
另一个人痴痴地观望，互相忆及对方的过往！萧红忆起爱人
和她赏花赏草的味道；萧红忆起爱人和她同苦同乐的甜涩。
慢慢地回味，美美地品尝。

萧红总用辛勤跋涉的脚步，丈量现实到未来的距离。未
来在哪里？它只是萧红心路的一段历程，支撑她从属端木
的一种精神。端木的内心有多坚强，萧红的情感有多坚韧。
当一个人能从骨髓里感知另一个人的未来有多远，那这个
人的情感一定是认真的。萧红明白，只有自己拓宽心胸，
开阔心域，澄明心境，淡泊心志，才能在通向未来的路上
走得轻松，走得更远。

爱情不是谁都能拥有，萧红不愿有太多的犹豫，是自己
的就紧紧抓住。萧红不愿有太多期待，残缺是爱情的本质；
萧红不愿有太多仰望，不平等是一种遥远的距离。虽然萧红
知道，自己总是太倔强，总把时间浪费在不值得爱的人身上；
虽然萧红知道，太多的负荷，爱情在重压下会无声地窒息。
萧红以为，爱情就是爱的心情，也许不够甜蜜，但只要不
松手，一定会让她快乐。

日子不理会萧红的心思，它只管走它的路，嘀嗒、嘀嗒，
秒针般转个不停。那些采菊东篱下，悠然见南山的无争，那
些停车坐爱枫林晚的休闲，甚至落日的晚霞，轻濛细雨中

的漫步，与爱人的呢喃碎语，温馨的小家庭之乐，田野吹风，溪边小坐，萧红其实是个孩子，当往日的梦想成为眼前的现实，这一切却变得毫无乐趣。

美好的生活需要付出代价，萧红想回避它，不知道这是否是理性的选择。鱼和熊掌想要兼得，总须避免付出失败的成本，也忽略一旦拥有将会发生的折损。萧红得到了安全，获得了爱情，获得了这个庸俗世界的通行证，进入人群熙攘的游乐场，却失去了朋友最宝贵的支持，失去通往某种光源的路途。而且她执意维护的爱情得不偿失，朋友们从来不曾承认过它的存在，端木的出逃和在她病重时的背叛，给她带来满满的苦痛，哪里有丝毫幸福而言。

萧红同普天下爱做梦的女子一样，总以固执的姿态相信爱情会陪自己天荒地老，爱情就是幸福的源泉。她以一个小女孩的心思，对爱情起初怀着敏感怀疑害怕，终因对方一个眼神而放下所有戒备。个别女子可以一个人过得很好，萧红不行，她是位需要人疼的女子，没有爱情的支撑，她会在寂寞中哭泣。

回忆少女时代，萧红自感飞扬跋扈，被父亲打，被伯父骂，长辈的打骂，自己高呼"自由万岁"熟视无睹，可是爱人一个脸色，却完全束缚了自己的自由。在爱情的克扣下，自己服服帖帖，像个奴隶，每天做不完的家务，总怕委屈了爱人。萧红回忆小时候，和祖父沉浸后花园每天玩耍忘归的情形，那是人生中最难忘的时光，那是人生中真正的快乐！

真正的快乐总是让人无拘无束。如今，点灯熬油，每天写稿到凌晨，困得要命还要努力奋斗，回想小时候，和祖父漫步后花园，什么没有都可以，但不能没有欢笑和喋喋不休。现在每天和爱人说话不到十分钟，就怕吵扰了对方。

萧红时常和端木生气，这时，她会眷恋过往，凝视窗外，慢慢回味三郎对自己所有的好。想念的时候，萧红会胡写乱画，纸上定格的全是三郎的名字；想念的时候，萧红会织围巾，无声地向他倾诉心底的世界；想念的时候，萧红会打开三郎的文章，读着那熟悉的文字来感知他的思想；想念的时候，什么都不想做，眼前一切都是三郎飞扬的身影。

萧红和端木在香港择的住处，环境清幽，风景优美，是静心写作的好地方。遂了心愿，按说萧红应该开心，可她的孤独寂寞感，此时比任何时候都强烈。萧红也不知什么缘故。她的生活写满了凄婉，这种不幸从给朋友的书信中淋漓尽致地流露出来！时间过得飞快，一天一天，一晃就是一周，一晃就是一月，一晃就是一年。

21. 恍然一梦

人的一生像是雾中行走，远远望去，前方迷蒙一片，辨不出方向和吉凶。可是，当萧红鼓起勇气，放下忧惧和怀疑，一步一步向前走去，她总会发现，每走一步，自己都能把下一步路看得清楚、更清楚。有谁说过，青春是用来浪费，用来做梦，用来努力的，萧红抓住青春的尾巴，用这样的时光做自己想做的事情，变成自己想变成的人，哪怕这很难，哪怕会失败，她也在所不惜。

一九四〇年十二月二十日，萧红在寂寞、苦闷、怀旧的心情中，写完了长篇小说《呼兰河传》。通过对自己故乡的回忆，以朴素率直、凄婉细腻的笔调，真实感人地再现了她童年时代东北农村黑暗、落后、愚昧的社会生活。这部作品揭示了旧的传统意识对人民的束缚和残害，表达了萧红对家乡人民苦难境遇的深切同情，小说对旧风俗、旧习惯进行了无情的鞭挞。

故乡在萧红心里，有一种无法形容的情怀。有一种目光，直到分手时，才知道眷恋；有一种感觉，直到离别时，才明白心痛；有一种心情，直到难眠时，才发现相思；有一种缘分，直到梦醒时，才清楚永恒。故乡在萧红的目光中，彼此相识时，就知道有一天会眷恋；故乡在萧红的感觉里，未曾离别，就明白有一天会心痛。

因为故乡，萧红每天很晚入睡，只为了和故乡说说话；因为故乡，萧红会用最清丽动人的词句描述它；因为故乡，萧红会莫名地心痛，莫名地惆怅；因为故乡，萧红变得很纠结，变得不知如何是好。故乡的好消息可以让她一天心情舒畅，故乡的坏消息可以低落她一天的情绪，这一切都只因为她心底那浓郁的故乡情结。

描述故乡时，萧红会突然不自信了。有时候，她会拿不出勇气；有时候，她会假装很快乐；有时候，她会任性。萧红会为小小的事感动得掉眼泪，也会为小小的事兴奋得睡不着觉。萧红会在伤心的时候听伤心的歌，也会在开心的时候在乎别人的分享。一直以来，萧红都觉得自己不够好，萧红承认，她不算完美，但是她很真，不似夜空美丽的那一抹烟花，璀璨之后，尽逝繁华；而是低眉垂眼，脚前的一泓长流水，天长地久，给人温暖和踏实。

《呼兰河传》带有浓厚的乡土气息，具有独特的艺术风格，是萧红又一部有影响的代表作品。它以闭塞的呼兰城为背景，展示了那里的风土、民俗和居民的生存状态、思想性格。茅盾先生在序言中称："它是一篇叙事诗，一幅多彩的风景画，一串凄婉的歌谣。"《呼兰河传》的完成，标志着萧红文学创作已进入成熟时期。

幸福其实往往比萧红想象的要简单得多。问题在于，如果萧红不把所有的苦难都固定在一个角度，不把所有复杂的不幸，都给探索经历一遍，不把所有该摔的跤都摔一遍，不把所有的山都给爬一遍，她就没法相信其实山脚下的那块巴掌大的树荫下就有幸福。

萧红同所有年轻的女子一样，总盼望遇见个温文尔雅的男子，雨夜的薄寒里为她轻披被角，清寒渐重的暮光里为她轻掩纱窗。但最后总是事与愿违，牵手的，是那金玉其外、华而不实的男子；执手的，是那不解人意、自私自利的男子。时间并不残忍，爱情原是这样，梦想被现实过滤，若在美与真之间二选一的话，留下的总是真。

如果一个男子，没有让萧红因为他的存在而更喜欢自己，没有让萧红觉得自己比独处的时候更敏感丰盛，没有通过他作为介质而确定萧红离群的个性和特质是一种魅力，没有让萧红感觉像月亮一样发出光泽并影响到内心的天地，没有让萧红感觉到一个更好的自己，那么，萧红可能爱错了。

萧红发现，在这个世界里，不光有着美丽的风景，也有着不同个性、不同气质、不同人格魅力的人。在匆忙的人生旅途中，萧红相识、相遇了很多的人。不同的人身上有不同的品质及魅力，欣赏、喜欢和厌恶便成了萧红最难把握的尺度。

什么是爱？萧红以为只要将两颗一半的心紧紧地靠在

一起，这便是爱。真能这样去爱吗？在想象中，也许很美丽、很享受、很幸福，没遗憾。而萧红宁愿相信，最美丽纯粹的爱是存在的，自己为什么要否定或放弃相信呢？但愿萧红也相信，愿意，享受，感谢一生有机会这样去爱。而此时，萧红突然很想念一个叫三郎的男子。在她最思念他的时候，他是否也在思念她？

像一位龙钟的老人，萧红愈来愈喜欢怀旧，一遍遍地回忆往事的点滴。童年的碎忆，少年的张扬，无知少女的荒唐。青春泥泽里，那楚楚可怜的女子，差一点沦入地狱。地狱的门口遭遇惊天动地的爱情，爱情拯救了萧红，尽管那爱苦涩。那份残缺的爱情，使萧红不能自拔，五年的苦海无边，直到那爱情的主人下逐客令，她才幡然醒悟。

虽然，白落梅说，每个女子都要经历一段热烈的过程，才能显露她非凡的美丽与惊心的情怀。可是萧红太倔强了，她从一场悲剧中出来，毫不停留地跳进另一场悲剧，连过渡都没有。这个伤悲的女子，没有"紫陌红尘独自行走、听信缘分"，只想迅速淡忘三郎对她的伤害，却不知道自己由此陷入更深的一场伤害！

萧红年少时的爱情，就是欢天喜地地认为会与眼前恋人过一辈子，所以预想以后的种种，她一口咬定它会实现。很多年后，当萧红经历了成长的阵痛，爱情的变故，走过千山万水，毛毛虫游历沧海才幡然醒悟，那么多年的时光

只是一场梦魇，为了支撑自己，走完这冗长的一生，而做的特定磨炼。

爱情对于萧红来说，其实就是一种生活，与自己爱的人相视一笑，默默牵手走过，无须言语不用承诺。系上围裙，走进厨房，萧红想象中，爱人为自己煲一锅汤；风起的时候为她紧紧衣襟、理理乱发；有雨的日子，拿把伞为她撑起一片晴空。睡醒时，眼波流动的体贴温柔，可以幸福一生。萧红就像一只小鸟，小鸟依人，而爱人就是她生命中的一棵树。

有时候，萧红想给朋友写信，可是信纸还没打开，泪水早已湿了纸张，于是一遍遍地擦干，再湿了，撕去，然后换一沓信纸，再湿了，再擦干，再湿了，再撕去。有时候，萧红很想找个人倾诉一下，却又不知从何说起，最终的最终是什么也不说，告诉自己，明天就好了。

萧红极聪明，从原来的健谈，到后来学会把话藏在心里。她不愿愚蠢，什么话都摆在嘴上。努力摆正心态，不让怨恨控制日子，才是最好的选择。生命的完整，在于宽恕、等待与爱，萧红愿以这样的心胸和爱人相处。人无完人，对于端木所犯的过错，她愿意以最大的胸怀包容他。萧红知道，如果没有端木组成这个家，红尘苍茫，她纵然拥有了所有，也是虚无。萧红知道，饶恕是抵挡仇怨、医治仇怨的良药，她如果生气就是拿别人的错误来惩罚自己。

萧红本是一位清风朗月、海边拾贝的女子，只因柴米油盐的琐碎，掩遮烟雨苍茫的诗意。晴天的时候，萧红会素服长裙，出门采一束山茶，把这个家装扮得五彩缤纷；雨天的时候，她会麻衣短束亲手织就一张地毯，上面绣满山川河流，让爱人足不出户，就可以轻松散步。

萧红是位极有情调的女子，从北方严寒的冰城款款而至，欲用柔和的江南烟雨洗刷周身的疲惫。她把自己周身打扮好，在家里点燃熏香，然后挽着端木一同出游。尽管端木不是她理想的爱人，尽管这个错误选择使她无颜见友人，但她不会轻易放手。萧红是位负责任的女子，她不学轻薄人，只要端木不违约，她会好好跟他过下去，努力寻找日子中的新乐趣。其实，生活中的情调，一本好书，一杯咖啡，就已足够。

22. 天若有情

如果说萧红眼中别人是传奇，那么别人眼中，萧红则是传奇中的传奇；如果说萧红眼中别人是过客，那么别人眼中，萧红就是漂泊天涯那一团永不熄的炉火；如果说萧红眼中别人若有似无，那么别人眼中，这个漂泊女子则是尘世间

曾经苦难的菩萨。凡尘烟火，一世一世，谁能知道，要经过多少世的宿缘奇迹？

曾经有谁说过，天造女人为婚姻而生。萧红爱萧军，得不到婚姻的小屋，毅然离他而去；萧红不喜欢端木，面对一个婚礼的承诺，却毫不犹豫地跟随他。男女组合的小窝营造成了，这个女子却倍加寂寞起来。以小女人的虚荣心理，萧红想不通，往日梦寐以求，如今到达彼岸，为什么没有快乐的感觉。所以在香港九龙的居所，面对青山绿水如此好风光，萧红如黛玉葬花，春暮清愁，对月感伤。

萧红作为灵性女子，想要的不过是男人那份宽容的怀抱，由着自己在里面任性胡闹。这份愿望，她到死都没等到。曾经的萧军让她淡然，如今的端木让她失望，那未来的呢，是不是苦笑？终于有一天，萧红不再痴缠，不再幻想，不再喜怒无常，她已经忘了爱了。从前，她明知道爱情会受伤，仍然深情地追寻，那么迷恋，那么痴心。从前那些残忍的爱情，如今化风成烟，变成风月。只是风月，如此而已。

萧红苦闷，孤独地寄居他乡，她和端木只是肉体相伴，心灵上却共枕异梦。萧红一如南逃的李易安，清晨对花溅泪，黄昏对酒消愁，整日寻寻觅觅，凄凄惨惨戚戚。端木是个小资男人，只会写点吟风弄月的文字，对社会漠不关心。萧红和他不是一路人。萧红误读了自己，以为女人一生最迫切需要的是一个安稳窝，而不是志同道合、思想一致的爱情。

萧红只把自己当成一个平凡度小日子的女人，而忘了自己还是一位作家，肩负社会民族大任。当她的小女人心理得到满足后，作家的民族意识便从心底生发。这时候，萧红发觉当初和端木闪电的结合，是个错误，自己真正需要的不是安稳窝，而是与劳苦大众紧密相连。她却一直在努力地远离。

萧红心底充满着矛盾挣扎，作为小女人，她渴望柴米油盐酱醋茶、相夫教子的安稳生活；作为一位正直有良心的作家，面对着国破家亡、山河破碎，她为自己的苟且偷安而羞愧。在这种状态下，她写出了《呼兰河传》，这是她的苦闷之作，完成后，她就病倒了。

萧红的病，不是一天积聚成的，从一九三八年失子，她的创作风格急锋直转。漂泊香港后，伴随着思乡之情，当炮声席卷九龙，她才完成《呼兰河传》。病情突然恶化，使她原本澎湃的心境，在气若游丝的生命边缘徘徊。

香港时期的萧红，素来被评论家曲解，历史的误读，曾存在相当长的一个时期，这主要是因为茅盾在《〈呼兰河传〉序》中，说作品是萧红的寂寞之作。茅盾乃文学泰斗，此论被奉为经典之言。

误读也罢，贬损也罢，萧红孤寂是事实。《呼兰河传》的格调的确悲凉！作为"左翼女作家"的萧红，从孩子的视野下笔，又以孩子般的心急切想回家落笔。优美委婉凄

凉的语言，显现了她天真无邪单纯的心灵，作为成年人，这注定她要被残酷的生活折磨得遍体鳞伤！

但萧红是善良的，缠绵病榻的她，神思恍惚，依然要常常教导端木：一个人可以没有钱，不可以没有温暖。要给予别人温暖，多说鼓励的话，这是一种修养。对别人诚恳，以温柔的眼光去看别人，这是一种善意。以行动去帮别人，出行坐卧主动给老弱妇孺让坐，这是一种爱心。

回想从前，萧红刻骨铭心，有些人和事，令她难以释怀。一路走来，一段一段的往事，像老电影一样向她告别，走入下一段的风景。路在延伸，场景在变幻，人生没有不变的故事，只有不变的人。走远了，萧红回头看，往事已模糊，一些人和事渐渐远去、淡忘了。许多人与萧红有关，能牵连她的幸福与快乐。然而值得留恋的地方并没有。

想起萧军，萧红一向认为，不属于自己的不要，即使再喜欢也不行，要深懂放弃。往事可以不忘却，却一定要放下。别人的话记在脑里，自己的话放在心里。萧红内心自卑，她感觉自己没有别人想象中的那么重要。那么多问题那么复杂，找点时间单独待会儿，萧红感觉不是生活亏欠了自己，而是时机未到或者努力不够。

耳熟能详的歌曲，萧红在寂寞中又想起三郎，疼在心里，痛在心里。谁说抬头仰望的时候不会流泪？一个人不会流泪，永远难以长大。路在蔓延，而人生在转角的时候走散，再也没有重来的路。萧红感觉走到了终点，却依然期待走出迷雾，期待沿途美丽，期待留恋自己最灿烂最美好的记忆里。也许这样，病中的女子才能身舒心安好受些吧。

一九四一年四月，美国进步作家史沫特莱回国途经香港，特意到九龙看望病中的萧红。萧红听从史沫特莱的建议到玛丽医院做全面检查，才发现患有肺结核。查出病情后，这年十月份，萧红住院打空气针治疗，因受医院冷遇，十一月底返回九龙家中养病。

有些人骂也骂了，给脸色瞧也瞧了，终久是为你好吗？是为你好，就自然希望你变得更好，因为那是出于爱。究竟是出于爱吗？出于爱，他们给予你的，是天堂还是地狱？一些人骂了你，其实是看不得你好，只想摧毁你，那是出于恨。只是自己何时招惹他们了？让他们待自己如地狱的鬼。而天堂呢，那才是自己想要的。玛丽医院没有人道主义精神，这令自尊的萧红难以忍受，带着病体回到家中愤恨难平——给人地狱的，自己也在地狱。天堂地狱，从来存在人心里，现世现报！

世间有两种女子，一种女子经受不住打击心灰意冷，从此慵懒消沉；一种女子和挫败挣扎，力寻一条平坦光明的路，使自己意志坚强。萧红是后一种女子，无论精神上抑或事实上，她都努力以胜利者的姿态示人。萧红以为，如果做不到以美好的姿态活下去，做不到健康地活下去，做不到

柔韧地活下去，最起码要做到简单地活下去，哪怕只有一
丝微息，为了那出现奇迹的一天，饱受病痛也要学会微笑。

　　萧红在病中，看到周围的人生，有的人活得很累，精神
上不快乐。其实，人在这个世界上，有很多很多烦恼，譬
如自己。萧红忽然明白，痛苦或快乐，取决于人的内心。
人不是战胜痛苦的强者，便是向痛苦屈服的弱者。无论多
重的担子，哭解决不了，笑解决不了，那我们何不笑着面
对负重。不顺的生活，微笑着撑过去，就是不平凡的人生！

　　偶尔，病床上的萧红，会收到北方朋友的来信，其中夹
杂三郎的一二丝信息，不时撩拨着她闭紧的心房。只是在端
木面前，她学会了伪装，不冷不热，不咸不淡，表现得无
情无义，她不想流出太多廉价的眼泪。萧红不愿让端木多心，
病中女子需要家的支撑，尽管这支撑若有似无。

　　生命以存在的形式，不停地赶路。无论动植物，生命之
轮在于有始有终。抓得用力，不如尽情舒展；贪得无度，
不如退而分享。萧红感觉，当心态放松，这份赶路的心情
与节奏会与先前大不相同。当朝阳在晴空哼唱，我们的眼
睛不单只看前方，上下左右的风景，都可以成为自己的默
契和回味。

　　萧红发觉，每一件事、每一个人，都可作为最高的生活
艺术。重要的隐藏于平凡之中，关键的安居于通常之内。真
正要做的事，常因自己须臾不能离开反被忽略。萧红思索

着，呼吸不能停歇，自己却对空气忽略不计；心脏勤勉劳作，健康的人却极少对它表达谢意。找准关键的人，才能取得关键的胜利；把握住重要的事，自己才能变得重要。

病中的萧红，把万事万物想个透。每个人都有充足的理由相信自己。显赫也罢，平淡也罢，尊贵也罢，渺小也罢，一切都不重要，关键是自己要有健康的身体。萧红想，身体是做一切事情的资本，有了身体，才谈得上快乐自由、奔放浪漫，一切物质精神上的享受。不管活得多么卑微渺小，身体是一笔巨大的财富，是人生笑到最后的资本！

23. 战火纷飞

时局动荡，让病中的萧红越发不安。担挑不了情感天平的失衡，填补不了心灵深处的惆怅。交往时间越久，离别距离越远。牵挂友人的分量越重，便多了一份思念。有了那份思念，孤独跋涉的路上便有了欣慰的精神慰藉。萧红感觉有了别人的牵挂，自己平淡无奇的岁月才会有生命的丰盈。兵荒马乱，让萧红多愁善感，一个平凡的日子，或者一段极为平淡的经历，都能使她感慨万千。

一九四一年十二月八日太平洋战争爆发，九龙陷于炮火

中。萧红在忧恐中感到深深的寂寞，柳亚子先生应约，到九龙乐道她的住所去探望。第二天，也就是一九四一年十二月九日，端木蕻良和骆宾基护送萧红从九龙转移到香港的思豪酒店。骆宾基是萧红的仰慕者，东北人，也是位青年作家。

萧红、萧军、骆宾基和端木蕻良，同为东北才俊。三才子一佳人，本可成就中国文坛的一段佳话，却演绎成泪沾衣襟擦不尽的悲剧。一九四二年一月十二日，日军占领香港。炮声隆隆中，端木蕻良听说新加坡安全，如当年从武汉逃往重庆一样，丢下病中的萧红仓皇奔逃。这件事最终让端木留下了千古骂名，造成他不可挽回的永世恶誉。

人们痛惜一代才女的早逝，多少年来，娶她的人被一次次戳断了脊梁骨。天道轮回，这个猥琐的男子为自己的行为，付出了不可估量的代价。北国女子的香消玉殒，使富家少爷出身的端木，似冥冥中得到了天谴，从此孜孜不倦地做着忏悔的祭奠！

端木的出逃，使萧红病情加重。卧床的她，无论快乐或悲伤，想起和端木在一起的日子，自有一番难言的滋味。猫狗相处长了都有感情，何况人呢？曾经那位叫三郎的男子是萧红炽热的太阳，他的笑容让她的世界充满阳光。可是，那太阳灼伤人，迫使萧红离开去寻找温柔的月亮。端木个性阴柔，像极了天上的月亮，萧红想把希望寄托于他，共同创造未来。却不想他如此懦弱，哪儿安全哪儿躲，追求晴和怕阴天，向往风月怕烽火。比起阳刚的太阳，月亮显得极端低矮自私。国难当头，如此爱人让人失望无颜，萧红感到作为妻子的自尊被践踏净尽！

萧红是幸运的，端木不在，三郎不在，倾慕她的骆宾基在。这位青年才俊感谢上苍给予他今生这样的机会，他一向敬仰双萧的才名，视萧红为心目中的女神。寸步不离病中的她，骆宾基小心翼翼地服侍着。他在心中为女神抚琴弹奏，倾诉自己的心曲，执笔半生，那个女子在水一方却不知情；从前他不能在女子身边朝夕相处，却时时刻刻想着她，时时刻刻为她把脉，女子的喜忧他能感悟到。他会抚琴寄予，执笔遥思，把自己真挚的温馨，传给他心中尊贵的女神！

这个世界有许多难以置信的事情。萧红再想不到，这位陪自己患难的同乡弟弟，居然在很久很久以前就恋慕着她。骆宾基比她小整整六岁，这样的男子令萧红吃惊犯疑，同时又有些感动。想起正义善良却唯我独尊的三郎，想起温柔多情却虚伪自私的端木，萧红犹豫了。可又怎么样呢？三郎端木都爱她，在她病重需要人照顾的时刻，却都遁形不见了。只有骆宾基，也只有骆宾基的忠诚，这位钟情她的男子，一如上帝使者的化身，天赐贵人一般地守护着她！

骆宾基怀着敬仰之情看护着萧红。在他心中，这是一位高贵的女子，美丽善良如天使，却被萧军辜负、端木亵渎了，一如小龙女被臭道士玷污。像杨过不能原谅臭道士一样，

骆宾基尤其不能原谅逃跑的端木蕻良。在他心中，萧红的合法丈夫只有萧军，端木充其量只是萧红人生路上出于同情而收留的野种。农夫救蛇，这样猪狗不如的东西，留着岂不是祸端？骆宾基始终瞧不起端木，萧红去世后，两个人角斗，他一脚把端木的眼镜片子踢飞了！

骆宾基心疼萧红，他知道，一个人的生命说是可以延续，可以轮回，其实那是骗人。有很多人，以为可以再见面，暂时放下手或暂时转过身。以为每一天都可以这样重复，然而就在一放手、一转身的一刹那，所有的事情都倒置。太阳落下去，在重新升起以前，有些人，从此和你永别！

病中女子和看护她的男子，像一对千年命定的夫妻，他们脉脉含情，互相凝视。病中女子感动男子对她的深情，然而她内心却在纠结着。骆宾基看出女子内心的挣扎，并不勉强。他知道，爱一个人一定要让对方满心欢喜。他知道人间许多悲剧，不是没有爱，而是爱得太霸道或者太轻率，就如萧军的刚烈专横和端木的自私虚伪。

一九四二年一月十三日，萧红被医生误诊为喉瘤，喉管开刀病情恶化。过了两天，骆宾基将萧红转入玛丽医院。一九四二年一月十六日，萧红精神好转，就在纸上写下："我将与蓝天碧水永处，留下那半部《红楼》给别人写吧，半生尽遭白眼冷遇，身先死，不甘、不甘。"

据说这话是萧红的遗言，也许真的是遗言。萧红预感自已生命已不长，写下纸片上最后的文字。这文字令骆宾基格外难受，萧红在他心里犹如美丽的红太阳，一直以来，他崇拜她，敬仰她。如今，病魔来夺，太阳就要离开他为之设就的美好未来。他的心似有无数钢针在扎，他想对萧红说，不要丢下宝贝你、呵护你、深深爱着你的人啊。可是他的话作数吗？

　　同乡弟弟的哀伤，萧红不是不知道，从最初第一眼见时，那眼神充满着期待和兴奋，表情像个孩子。萧红奇怪他的眼神，那眼神似曾相识，似有无数心事想倾诉，似乎想问她有什么要我帮忙吗。萧红微笑，她当然有，她是位无助的女子。她说，如果你时间允许，请挺身而出。对于真正的朋友，友谊第一是吗？当时，他笑了。

　　当爱情走进生活，纵然尴尬的处境被病痛包围，与相爱的人默默相守，那也是一种温馨。无须言语，无须承诺。萧红愿意系上围裙，如当初对待三郎、端木一样，走进厨房为他煲一锅汤，风起的时候为他披件厚衣，有雨的日子，为他准备一把伞。只是今生有机会吗？如今他来伺服她。只恨时光不倒流，她的病使这场战乱中的爱情过早地枯萎！

　　萧红觉得愧对骆宾基，她怕辜负他的深情，强撑精神，每天只想和他说说话。提起端木，萧红并不生气，这令骆宾基不解，他心里藏着千万道结。萧红的一句话，一个眼神，都可以改变他的心情，这一切都只为爱。萧红笑靥如

花，从前年少不懂爱情，当她步入成熟，懂得了人情练达，懂得了什么是生活的时候，却再也没有那般纯真的爱了！历尽情殇、劫后余生的萧红，早已学会面带从容淡定的笑，把眼泪和忧伤抹去，手指轻拂漫天云霞，却不料这积聚身体的突发病症，淹没了骆宾基带给她的新生爱情！

一九四二年一月十八日，萧红被骆宾基送进香港跑马地养和医院，确诊为恶性气管扩张，第二次动手术换喉头呼吸管。此时，萧红从医生口中得知自己的生命即将走到尽头。她用无助的口气叹道："如果这时候我给三郎发电报，不知道他是否还会像当初那样奋力把我从水中救起？"伯牙断弦音已绝。萧红到死都忘不了从前，虽是心高气傲，终究是寄生的丝萝藤，骨子里始终认为三郎才是她可依靠的人。

一九四二年一月二十一日，玛丽医院由日军接管，萧红又被送进红十字会在圣士提反设立的临时医院。在那战火纷飞的日子里，病重的萧红被骆宾基保护着，从这个医院转到那个医院，像她坎坷的生平一样，生命的临终，都脱离不了"漂泊"两个字！

24 一抔净土

萧红住在红十字会设立的临时医院里，此时她已不能说话，一双眼睛默默凝望着骆宾基。有一种目光，直到分手时，才知道是眷恋；有一种感觉，直到离别时，才明白是心痛。生命将去，萧红无法用言语表达心情，唯有泪眼凝眸——身边这位痴情的男子，当初与她相识是否知道有一天会眷恋，从前与她未曾离别，是否明白有一天会心痛？

萧红喜欢梦，在梦里，可以重新开始；在梦里，可以慢慢解释；在梦里，能感觉所有被浪费的时光都重新回来的狂喜与感激。如果没有这病痛，萧红胸中满溢着幸福，爱自己的人在眼前，对她微笑，仿若当年那逝去的曾经。萧红喜欢这样的梦，明明知道自己跋涉千里难再回头，却又觉得芳草鲜美心动依旧。春华秋实，落英缤纷，分明和爱她的人才初相遇。

萧红的梦就像张纸，心在上面写啊写。可是，这纸不能翻页，对折了几下，竟折出了许多棱角。曾经那些过往的伤痕，过分的沉积，到最后积淀只能容下自己。萧红躺在病床上，从前的苦痛潮水般地重卷心头，这使她神情黯然。

其间，端木回来一次就失了踪影，据传他在外有了女人。萧红神思恍惚，她能接受端木的逃跑，却接受不了他的外遇。世间最伤女人自尊的事就是男人的花心！

萧红对端木从失望到绝望，她在遗嘱里将版权分配如下："散文集《商市街》归弟弟，小说《生死场》归萧军，《呼兰河传》归骆宾基……"虽然骆宾基后来把《呼兰河传》的版权还给了萧红的弟弟张秀珂，但端木作为萧红名分上的丈夫，什么也没得到，这是千真万确！萧红咽气前对端木的恨是彻底的。男人的外遇伤透了女人的自尊！

骆宾基想法儿引逗萧红开心。他教导她，等病愈了，再不要让自己累，听听音乐、跳跳舞、侃侃心情，让自己开心地活。人怎么都是一辈子，与其郁郁寡欢折磨自己，不如快快乐乐扫尽阴霾。生活不尽如人意，只要开心面对，活着就不会觉得累。快乐自己，感染别人。红尘中，百般痴情不过如此，骆宾基劝慰着心爱的女子，自己却先哭了。

骆宾基暗示萧红学会温柔，对爱自己或自己爱的人，要认真接受认真付出。人生有遗憾或后悔，比什么都让人难过。不能让幸福从身边流失，要珍惜所拥有的一切。这一生，每个人都会遇到许多喜欢的人，但是却遇不到一个真正爱的人。所以，这个多情的男子痛断肝肠，他让萧红一定好好把握，不要轻言放弃。

萧红为骆宾基擦泪，要他刚强起来。她希望自己不在的时候，他能好好驻足这个世界，做自己想做的事；她希望他有一个值得自豪的人生，待到年老体弱，不为自己虚度年华而后悔；她希望这位痴心的男子，在她离开尘世之后，能有勇气重新人生的起航。只要你想，随时都可以重新开始。在水一方，一个女子在烟雨朦胧中向岸上翘首的男子诉说着告别的衷肠！

　　骆宾基凝望萧红的眸光里，徘徊在她的心门外。他愁肠百结的柔波，拂不去这位冰城女子尘世飘忽的尘埃。她是一缕烟一缕魂，躲过骆宾基的追寻逸出。他感受不到她的爱情体温，幻想吞吐之间让她无处逃遁。萧红知道，她只是一处偏隅的风景，自己曼妙的身姿弱不禁风，她会在瞬间香消玉殒。不管怎样，她会带着对尘世这位男子的依恋，去天的那一边，等待轮回，等待来生，等待聚首的那一天！

　　一九四二年一月二十二日，一个凄凉的冬日，年仅三十一岁的萧红在医院，呼出了生命的最后一丝气息。十年漂泊，北国的呼兰小城是她的起点，南方的香港是她的终点。萧红走了，这个命运多舛的女子，她的生命结束在战争的硝烟中，从此远离红尘烟火她所爱的一切！

　　萧红的逝去，最悲伤的要数骆宾基。他痛哭流涕，四十四天的昼夜，不知道和这苦命女子的相守是场错误，还是场奇缘。是谁安排这无期的约会，让那美丽的瞬间被风吹得没了踪影。也许骆宾基是那承载梦想的风，而萧红

是那天空飘移的云。也许萧红是那钻云穿风的雨滴，尽管她接受骆宾基的倾城之恋，可却无能为力牵手相伴。红尘中，这个痴情的男子懂了，他只能在日渐荒老的岁月里，守望一份无期的约定。

年轻的时候，在那些充满了阳光的长长的下午，骆宾基无所事事，也无所惧怕，因为他知道，在这份生命里，有一种永远的等待。挫折会来，也会过去；热泪会流下，也会收起，没有什么可以让他气馁的。他以为会有长长的一生，路上会有她陪伴自己。如今他却流泪了，惧怕了，气馁了，因为她丢失了。

人生是泼洒在生命宣纸上的墨迹，渲染着城府与世故；人生是拉响在生命深处咿咿呀呀的胡琴，挥不去嘈杂与迷惘。萧红的离去，使骆宾基对人生有了重新的看法。悲伤之余，他感悟到天地之大美，于简单处得，于复杂处藏。善待阴霾，宽容丑恶。善待心灵，善待生命，善待那个她！骆宾基总是想起萧红，一缕香魂随花飞到天尽头，散失海角天涯的香丘，徒留斯人嗟叹，又能如何呢？

萧红死后，她的骨灰被分为两部分，一部分埋在香港的浅水湾，一部分埋在圣提士反女校内。这一切是端木背着骆宾基偷做的，多年后曝光，他的私心理所当然被千夫所指。骆宾基亲自参与把萧红的骨灰葬在了浅水湾，那儿面朝大海，地处幽静，只期望这长期漂泊的奇女子能有个安稳的

140

地方。

骆宾基是萧红一生的情感生活中第六个男人，细细推算，哪一个都不如他忠诚。一个人能托付快乐不算什么，一个人能托付悲伤，那才是真正的可敬。骆宾基正是被萧红托付悲伤的人！男女之爱往往贪图肉体之欢，像三郎，像端木，哪一个不是萧红以青春肉体做铺垫，才得到他们的一丝垂怜，但终久还是被抛弃。而骆宾基不是，他受命于危难时刻，昼夜守护在萧红生命的临终，他对她是高山仰止，一种敬若女神的爱。

萧红是幸运的，一生情感受尽奚落歧视，而生命将去的时刻，从骆宾基那儿却得到了尊重。这或许是上天给予这位苦难才女的一点点补偿。有人说，爱一个人的感觉，需要很长的时间才能体会到。萧红与骆宾基相守的四十四天，她知道他把自己的整个世界，全部给了她。爱一个人很简单，他让你感动，让你流泪，让你不由自主去牵他的手。可是，萧红爱上这位小她六岁男子的时候，病魔已经勒紧她咽喉了。

不是每个擦肩而过的人都会相识，也不是每个相识的人都让人牵挂。萧红处在生命的尾声，尽管她以为眼前男子出现在错的时间里，但是面对一份真挚的深情，依然不能自己。只是东风无力，烛泪燃尽，难再续这情缘而已。纵然依偎胸怀，听不到声音，握不住温度，黄泉碧落终久意难平。

　　行走人生旅途，萧红触摸的是多棱的生活，曾经为艰难哀叹，曾经为挫败悲语。如今伊人已去，再也不为虚无动情，再也不为沉沦失声。月有阴晴圆缺，命有幸与不幸。往事如烟，这位苦命的女子曾经被厄运阻住了前途，却始终没有颓废精神停止脚步。人生路上，只要不停地校正自己，就不会迷失方向。当卧病在床，外面烽火连天时，萧红教导端木：要心善！一定要心善！走在外面，看见乞丐，不拘多少，一定要帮扶。

　　其实，一个人越高，身影越长；一个人越处在黑暗，就越接近光明。萧红就是这样。她死后，萧军听到消息，一声长叹，毕竟他曾经负了她。携手五年的见证，让这位骄傲的王子终于示弱了——体魄强大终归不如精神强大，这方面萧红远超他百倍！萧红、萧军、端木、骆宾基在文坛上号称"东北四才俊"，其中萧军、端木、骆宾基被称"东北文坛三老"，有趣的是，这三位五大三粗的男人在文学成就上，远远不如一位弱不禁风的小女子！

　　尘世上的争论，萧红不知情。她睡着了，长眠地下，面色潮红，如醉如痴。她忘却三郎，不记端木，不再回想自己那有毒的从前。她的心已如远方的云朵飘向天涯，漫向海角，没有寂寞，无所谓孤独无助。她别无所求，她乐于在月光下奔跑，她喜欢在阳光下焕发五彩朝霞。她的眼光投向宇宙万物，她学会了看，学会了听，世界变得如此绮丽！

伊人已去，过客匆匆，往事不再提起。有谁说过，一些事只适合收藏。不能说，也不能想，却又不能忘。它们不能变成语言，它们无法变成语言，一旦变成语言就不再是它们了。它们是一片朦胧的温馨与寂寥，它们是一片成熟的希望与绝望。在萧红来说亦是如此，它们的领地只有两处：心与坟墓，一座香丘、一抔净土，如此而已。

25. 凄凉天涯

芸芸众生，人们习惯于戴着面具生活，似乎这样，就会让自己远离别人的伤害，但同时让人与人之间少了真诚相待。世上有两种人，一种人戴面具，处处虚伪，让自己和别人索然无味；另一种人摘下面具，鲜活的面孔永远富有生气。

萧红是第二种人却又不同于第二种，她真诚待人却不设防。因此，她几乎承受动荡时代的全部屈辱：生身老父的冷血无情，未婚郎君的始乱终弃，背信弃义的夫君，临阵脱逃的爱人，以及男权社会对女子的压制，种种病痛对身体的折磨，所有苦难，仅仅为了活着。

其实，浊世之间，萧红和大多数人一样是躁动的，每天在欲壑里奔走，在攫取中欢喜。只是她先天涉世未深，可

以轻易受伤。细想一下，人生只是一条单行线而已，没有必要把所有的繁华与风景都挪到眼前。时光的洪流中，萧红需要一段空白，来安顿她疲惫的灵魂。

萧红心高气傲却命薄如纸。这个女子一生之中颠沛流离，哈尔滨、上海、北平、重庆、香港，一九三六年还东渡日本，独自以柔弱之躯抵御饥饿、寒冷、病魔、战火，不然又能怎样呢？她的家封了门，把她驱逐出去。她的国被蚕食，遍地饥荒伶仃。她的爱被践踏，经常得不到回应。她的一生，多的是凄苦误解和嘲讽，罕有欢乐安宁和温情；她的一生，犹如绕树三匝无枝可依的鸟儿，盘旋在二十世纪初的荆棘林里。

萧红死的时候，正值香港沦陷初期。一九四二年一月二十二日，在南国香江畔，一个才气的女子，锦瑟华年匆匆告别人间。炮火纷飞，她的早逝，除了庸医误切的那一刀，还有深度昏迷导致的支气管窒息。也许天意吧，十年漂泊十年病，从没去医院查过病的萧红，一次的查病，却是告别人间！

兵荒马乱，骆宾基和端木无法护送萧红的灵柩返乡，只得把她的骨灰暂时葬于香港浅水湾。谁知这一葬就是寂寞山花十几春秋，最后，险些被工程队毁坏掉那少量的一把骨灰。

荒凉的沙滩，孤零零的坟堆，春去秋来十几载，萧红在浅水湾始终是寂寥的。这期间，一位和她有着相同经历，一生三次被女友抛弃的著名诗人戴望舒，曾来到浅水湾，在她的墓前献上了一首表示敬意的小诗："走六小时寂寞的长途／到你头边放一束红山茶／我等待着／长夜漫漫／你却卧听着海涛闲话。"

萧红生前曾希望自己死后能陪在鲁迅墓旁，或白绸裹身面朝大海而葬。这个遗愿一直到十几年后，萧红墓从香港浅水湾移到广州银河公墓区都没有实现。一九五六年，香港浅水湾的萧红墓遭到破坏，骨灰大量流失，起墓时，只发现了一颗完整的牙齿。

端木大约愧疚了，一九五六年政府组织人远程迁墓，他心虚不敢现身，事隔多年，带着珍藏的萧红的一缕青丝悄悄地来到广东银河公墓区忏悔。这位善于写"风月"篇章的文人，在墓前留下一首含泪的词作——

"生死相隔不相忘，落月满屋梁，梅边柳畔，呼兰河也是潇湘，洗去千年旧点，墨镂斑竹新篁。惜烛不与魅争光，篋剑自生芒，风霜历尽情无限，山和水同一弦章。天涯海角非远，银河夜夜相望。"

这个唯唯诺诺的男子，素来封闭个人生活。也许他的日记珍藏着一位女子的可爱。一个人孤独，两个人欢乐。小桥流水，那逝去的岁月里，曾经和一个女子相依相偎。这样的日子是很少的，端木是个人主义者，他的心从来只装着自己。

墓像前，端木痛哭流涕。当年未有足够的信心让萧红幸福，他疏忽了她。当年未有一定的能力使萧红安稳，她倍加孤寂。如今他有了信心让这个女子幸福，她却离开他了。如今有了一定的能力让她安稳，这个女子却离开了人世！

"惜烛不与魅争光，箧剑自生芒"这一句端木在歌颂萧红，读起来却有兼骂萧军之嫌。

回望桥头，月下苍茫，深情远眺，其实，相思萧红的何止端木？

一九四六年秋，骆宾基一气呵成写就《萧红小传》，抒发了自己对萧红强烈的思念之情。相对于端木和骆宾基，萧军则无言，萧红死后，这个男子一直沉默着。也许在内心里，当年和萧红结合时的诗作是他心意的表达吧。那诗，萧红生前始终记得——"浪抛红豆结相思，结得相思恨已迟。一样秋花经苦雨，朝来犹傍并头枝。"

萧军情诗缠绵、气概粗犷，自以为典型的东北汉子，给予弱者爱的同时，却也猫对老鼠般地压制人。当深爱他的女子被迫离开若干年后，历经风雨的他，才知道什么叫后悔。走过一些路，才知道辛苦；登过几座山，才知道艰难；蹚过几条河，才知道跋涉；跨过几道坎，才知道醒悟。

结得相思恨已迟，萧军此时悔已晚矣。在他的脑海里，曾经泛过他和萧红的将来——他们去看大海，依偎着，坐在礁石上，望着海面，一起回味从前相识相爱的片段。海边的每一处都留下他们美好的足迹。不计较自己的所得，只在乎对方是否快乐。他们可以如此幸福，彼此明白对方的缺点，却依然执着爱着，让相爱慢慢变成一种习惯。

萧红的遗嘱，让三郎流泪，这个活着被自己一度辜负的女子，死后都想葬在大海边。曾经他不听萧红劝告，还恶语相加。他们都是文人，都有强烈的自尊。你有你的坚持，我有我的执着；你有你的颜面，我有我的尊严；你有你的故事，我有我的经历；你有你的目标，我有我的方向。如此，萧红终于离开萧军，扑向端木迎来的怀抱。女人是用来疼的，不是用来气的，萧军犯了常识性错误。千古遗憾！这一对著名的"文坛情侣"分手，直接导致萧红后来的不幸！

人生需要结算，错误的过去最终都需要自己来还账。有些账一旦欠下，就再也没有机会偿还，深深的遗憾，会成为埋藏心底永远的痛。生活的投入与产出成正比：今天的行为会影响明天的生活；眼前的放纵，将来总有一天会付出代价。不要把今天的账留到明天去结，因为明天有明天的账，永远不要累积错误。

萧红的早逝，世人把错都归结到端木身上，其实萧军也难逃其咎。这一点萧军深深地明白，萧红死后，他细细地检讨自己的内心，想着曾经一次又一次的出轨给她带来的身心带来的伤害。如果冰城那张家女孩还活着，三郎一定会回头。曾说过爱她的，今天，仍是爱她。只是，爱她，

不能和她在一起，一如爱那原野，爱上，却不能携手归去。

　　每一份感情都很真，每一处风景都很美，每一段旅程都沉醉。失去的遗憾让萧军深感忧伤和眷恋。人生路上，感情是一份没有答案的问卷，苦苦追寻不一定能让结局圆满，也许一点遗憾，一丝伤感，会让这份问卷凄美和久远。但夜月幽户，三郎仍要望长空嗟叹。

　　而此时骆宾基呢？春泥护花，落红无情，心中女神，每每思及，他便要痛骂端木是伪君子！

　　生死两茫茫，不思量，自难忘。十年前，三个男子为一个女子失了和睦；十年后，三个男子白发面壁，黄土归天之际，共同念念不忘的依然是从前那个女子。黄泉碧落，若是萧红有知，心中应是无限宽慰吧。生前白眼冷遇遭弃，死后明了谁是谁非。萧萧红妆，凄凉天涯。当年共聚，奈何与君梦一场。爱了，终究不曾悔过！

后　记

　　写萧红是偶然，亦是必然。

　　萧红两个字不陌生，爱文学的人都知道她。尤其爱文学的女子，那不仅仅只是知道，而是深知道。只是多数人在知道后，就不肯深知道了。

　　萧红命运悲苦，就像看见瘟病之人，怕传染，犹恐避之不及，这很能理解。一个人叫苦一次，会赢得同情，若老是叫苦就会惹人生厌，犹如鲁迅笔下的"祥林嫂"，犹如我……

　　对自己，一直想保持缄默，只是因这书的"后记"，我又不能不说——

　　其实，写萧红是因为我崇拜她的才华，倾慕她的美丽。但更确切地说，是为了祭奠我自己，因为我和萧红惺惺相惜，因为我们拥有共同的悲苦命运。但是，我又不如萧红幸运，她情缘坎坷，文学梦却顺愿逐心。她去过很多地方，阅历深、见识多，精神生活丰富。更重要的是她身体比我健康。

　　而我呢？出生在一个贫瘠的偏僻乡村，6岁患了"类风湿"，从此拖着病体，口服止痛药，不甘寂寞地去上学。

17岁瘫痪，卧床十余载，当我后来走出小黑屋时，眼睛几乎被阳光射瞎，病情刚稳定，家里逼嫁，我以死抗拒，闹得全家神经几乎崩溃。

不可否认，家人是爱我的，尤其父母担心我的将来。类风湿是"不死的癌"，患此绝症是一生一世的劫难，是进入坟墓也好不了的。病情恶化这么多年，我全身大部分关节已毁坏，已经不折不扣地残疾了。父母忧心，此时不嫁，待他们百年之后离开人世，谁来照顾我呢？

我不是不想嫁，而是不想随便嫁。这些年卧床，我肉体绝望，灵魂却在萌发梦想。在我们乡村，多数女孩都没有爱好，对什么都不感兴趣，只想找个婆家稳定下来。对自己人生目标设定的是因伴侣的存在而存在；对自己人生的肯定得因为另一半才能开启、才能有价值，缺乏个体的独立性与完整性。我并不鄙视她们的想法，只是这种生活状态与心境让我畏惧：我不愿学她们这样活着！

作为女性不甘依附的独立意识，我想，萧红也是这样想的，不然她不会和父亲抗争得如此决绝。萧红出生民国，我出生现代，不管相隔多久，思想却是相通的。天真幼稚，单纯痴傻，是女孩涉世未深的通病。面对家人的包办婚姻，我们因为不愿意而拼命反抗，就像笼里的野兔，寻找出口，四面撞击，刚烈而决绝。想来应该感谢这病，它搭救了我，不然学萧红离家出走，难保不碰到第二个汪恩甲……

现实中，我没有逃婚，也没有能力逃，我只有以生命作威胁，来逼迫父母顺应我的想法。这之后，我不分昼夜疯狂写作，想以自身实力来改变亲人的偏见。

有很多时候，我要感谢这病。它像一柄保护伞撑起足够的理由来遮挡家人的责难和世俗闲言碎语的伤害。只是事实上，尘世间的亲情，除了父母，谁能对你负责任？谁能对你负得起责任？

这世间除了自己，谁能依靠得住？谁又甘心做你的依靠？

母亲去世后，我和父亲先住在老家，后住进县城的一家私人敬老院。在老家，老屋阴暗潮湿，使我的关节倍受折磨。这期间，我努力自理，学着照顾自己。衣服破了自己缝，鞋子脏了自己刷洗。缝缝补补，拾缀家务的同时，我还得写字。我必须得写，这是精神寄托，这是我唯一的活路。有一次洗衣，手腕骨红肿，我咬牙写道——

"向南的太阳已经偏西

水盆里的衣服搓了又搓

青石板边

费煞愁肠也无力把它们浣洗

浣衣，浣衣，多么美丽的一个词

那水盆里折射五颜六色的滢光

仿佛在嘲弄两千年后

一个不是东施也不是西施的病女"

有一次缝棉被，熬到深夜，用完了十条线，折断了七根针，握针的手刺痛僵硬，我叹声写道——

"被里，棉絮，被面

　总算亲吻一起

吹吹手指的血泡

痛恨缝衣钢针

　说什么铁棒磨成

分明假冒产品

　一宿奋斗

竟然磨不过俺久病的人"

对于写诗，我心境沉郁，下笔愚拙，构思不了萧红那样"这边树叶绿了／那边清溪唱着／姑娘啊／春天来了／春天来了／"如此充满生机和灵气的小诗。

所以，我一直遇不到我命中的"三郎"……

所以，在那家收费的私人敬老院里，父亲病重恶化，我惊恐、忧虑、着急、无奈，一夜白了头发……

一具残躯，即将被逼迫到大街上乞讨、桥洞下住宿。待字闺中，银发闪现，满目憔悴，遭此劫难，谁能体会理解？谁又能真正地体会理解？

呼天不应，求地不灵，那份无助、凄惶、渴盼救援的心境，除了80年前困居旅馆的萧红，谁能懂？谁又能真正地懂？

　　我和萧红毕竟生在两个不同时代，她无助了几个月，最终被欣赏她才华的三郎救走；而我无法和她相比，只能凭借国家"救助残疾人"的政策，脱险了。

　　2012年的3月到7月是我最难熬的日子。这之后，父亲住进医院，我住进国家体制的乡镇免费敬老院，生活才慢慢地平稳。11月父亲病逝，我虽然难过，心境却不像先前那般绝望悲观。为了父母安息，也为了天涯海角那些帮我的人，我会好好地活下去！

　　我不会忘记，2006年我自学电脑，2007年母亲突发疾病去世，像是天意，又像是偶然。我遭此打击，面临绝境，有多少从没谋面的朋友通过网络接济我们父女俩！父亲身体不好，由脑萎缩引发脑痴呆，常常把厨房当作卫生间，拦也拦不住，更甭说生活自理了。

　　这几年，我衣食住行，小到牙刷、牙膏、卫生纸巾，大到电话、电脑，都是朋友相帮。电脑这几年换4次了，第一次是母亲托人买的一台旧电脑，用半年就坏了；第二次是网上一位老师把他出差用的手提电脑给了我；第三次是一位南方哥哥匿名寄来的；第四次是一位北方姐姐为我网购的。因为我行动不便，南方哥哥和北方姐姐赠的都是小巧的笔记本。

　　从2007年学写作到今天，7年来，我共写了包括散文、诗歌、评论、小说在内的100多万字的作品。从一名文学

爱好者到文学写手，从读者到作者，从网络投稿到报刊媒体投稿，并加入了市作协、省作协，发表了一些作品，这是我第二次出书，却是第一次真正意义上的书。

同样是作家，我不敢和萧红比，她起步早，从 20 岁写作到 31 岁离世，10 年来写了 100 多万字的作品大多都发表了。而我虽说从小喜欢写作，却因为久卧病榻，起步晚，而且也遇不到命中的"三郎和鲁迅"，只能万里长征，爬雪山过草地，一步一步自己摸索，除了笨拙的坚持，没有丝毫捷径可寻。

萧红是位天才作家，她凭借天赋才华加上三郎的影响，鲁迅的点拨，在别人看来艰辛漫长的文学之路，对她却大开绿灯。锦瑟未来，一路顺风顺水。如果不是早逝，她在文坛上的地位会压倒同时代所有的著名女作家，像丁玲、冰心、张爱玲等，她 10 年的成果，同她们一生的作品，此时已经比肩了！在文学上，萧红是幸运的，在情感上，却是失败的。萧红早逝，与她情路的坎坷有密切联系。

作为女子，一生之中，若没有爱情，那是很苦的。这句话我感同身受，但是萧红呢？作为女子，她拥有爱情和婚姻，却凄凉天涯，客死他乡。

纵然今世孤独，作为女子，我给终相信爱情，相信前方有个人在等候，他不会嫌弃病弱残疾的我，他会包容满是缺点的我……

　　人生纵然艰难，比起萧红，我是幸运的。至少我还活着，活着就有希望。

　　在此感谢所有为这本书的出版编辑、校对和制作的朋友们，您们辛苦了！！

燕儿写于皖北宿州昌圩敬老院。

2014 年 2 月 18 日